跨文化教育背景下的
大学英语教学研究

代思师　李　艳◎著

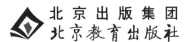

北京出版集团
北京教育出版社

图书在版编目（CIP）数据

跨文化教育背景下的大学英语教学研究 / 代思师，
李艳著. -- 北京：北京教育出版社，2023.4
ISBN 978-7-5704-4800-5

Ⅰ.①跨… Ⅱ.①代… ②李… Ⅲ.①英语 – 教学研
究 – 高等学校 Ⅳ.①H319.3

中国版本图书馆CIP数据核字(2022)第180979号

跨文化教育背景下的大学英语教学研究

代思师　李　艳　著

＊

北 京 出 版 集 团
北京教育出版社　出版
（北京北三环中路 6 号）
邮政编码：100120
网址：www.bph.com.cn
京版北教文化传媒股份有限公司总发行
全国各地书店经销
旭辉印务（天津）有限公司印刷

＊

710mm×1 000mm　16 开本　13 印张　182 千字
2023年4月第1版　2023年4月第1次印刷
ISBN 978-7-5704-4800-5
定价：68.00 元

　　语言是人类在交往过程中使用的符号，它代表了一个民族的民族特色与历史文化发展水平，蕴含着该民族对人生、行为以及处世方式的看法及观点。任何语言都在一定的社会、历史实践中产生和发展，而语言的产生和发展又促进了社会、历史实践以及文化的发展。文化包含着广泛的内容，广义的文化包括文学、历史、建筑、音乐等，狭义的文化则是指一个社会里人们的生活方式和习俗等。比如，人们如何生活，社会成员、家庭成员之间的关系，不同场合的不同表现，各种禁忌，等等。不同的民族有着不同的文化、历史和习俗，而各民族的文化、历史和习俗又大都是通过该民族的语言表现出来的。对于学习者来说，学外语就是在其已掌握本民族语言文化的基础上，学习另一种语言文化，也就是我们常说的语言文化学习。实际上，学习语言与了解其所反映的文化是分不开的。对于大学英语教学而言，教师不熟悉英语文化背景就不可能教好英语，不了解英语文化模式和准则就很难对其话语意思做出准确的判断，从而顺利地进行交际，就很难实现提高跨文化交际能力的教学目标，学生也不可能真正掌握英语。

　　语言与文化有着十分密切的关系。语言既是整个文化的产物，又是形成并沟通文化其他成分的媒介。语言作为文化学习的工具，扮演着无可替代的角色。没有与之相对应的语言载体，文化就无法顺利传播；同样，没有文化，语言就失去了表达意义的价值。无论是从英语教学本身来看，还是从世界政治、经济发展的外部环境来看，语言与文化的有机结合都是英语教学发展的必然趋势。现代英语教育的目的之一是培养学生的跨文化交际能力，提高学生对文化差异的敏感性，以适应未来越来越频繁的国际的交流合作与日常往来。因此，学习语言必须学习相应的文化，学习英语也要先了解相应的文化传统和文化历史。高校英语教育工作者必须正确理解和处理语言与文化间的关系，在英语教学中，不能只单纯地注重语言教学，还要加强语言的文化导入，要引进跨文化交际学的理论和方法，帮助学生理解目标语言文化以及相关的交际期待，不仅要让学生掌握正确的语言形式，还要让他们明白语言形式背后的文化内涵。

　　本书共八章，涵盖跨文化教育综述，大学英语教学理论基础，大学英语教学改革综述，大学英语教学与跨文化教育，跨文化教育视域下大学英语词汇与语法教学，跨文化教育视域下大学英语听力与口语教学以及跨文化教育视域下大学英语阅读、写作、翻译教学，跨文化教育视域下大学英语教学的新发展等八部分，对于英语教学从业者和相关人员有一定的参考价值。

目　录

第一章　跨文化教育综述

第一节　文化与跨文化交往

一、文化的定义、功能与特征

（一）文化的定义

对于普通人来说，文化是一种人们平时都会用到却往往感觉不到的客观存在；对于研究者来说，文化是一种容易被感知却不容易把握的概念。

最早提出文化定义的是学者爱德华·泰勒（Edward Tylor）。他认为："文化或者文明，是从广泛的民族学意义来说的，可以归结为一个复合整体，其中包含艺术、知识、法律、习俗等，还包括一个社会成员所习得的一切习惯或能力。"[①]之后，西方学者对文化的界定都基于这一定义。

在跨文化传播视域下，我们认为文化的定义可以用 2001 年联合国教科文组织发表的《世界文化多样性宣言》中的阐释概括：文化是某个社会、社会群体特有的物质、精神、情感、智力等方面特质的总和，不仅包括文学、艺术，还包括生活准则、生活方式、传统和信仰、价值观体系等。

20 世纪 90 年代之后，很多学者也对文化进行了界定，这里归结为两种：一种是社会结构层面上的文化，指社会中能产生普遍、长期影响的行为模式与准则；另一种是个体行为层面上的文化，指的是对个人习得产生影响的规则。

---

① 爱德华·泰勒.原始文化[M].连树声，译.上海：上海文艺出版社，1992：1.

这些定义都表明文化不但反映了社会存在，而且其本身就是行为、价值观、社会方式等的整合，是人与自然、社会关系的呈现。

（二）文化的功能

1. 化人功能

文化本身带有一定的精神属性，是人与动物的重要区别之一。文化所具有的教化人的功能正是源于其这种属性，而文化对人的教化功能主要体现在两方面。一方面，文化是先进的、积极的，可以启迪人的心智，能够满足人的精神需求，使人感到幸福和满足；另一方面，文化本身有一定的舆论引导力和理论指导力等，人在生活、生产与思想、精神上的需求都可以借助文化获得一定程度的满足。文化为人类提供了源源不断的精神力量，推动着人类向光明、美好的生活前进。

2. 育人功能

文化具有知识属性，文化学习代表着知识学习，"文化人"代表着有知识的人。在一定程度上，可以说，文化就是知识，学习文化就是不断积累知识的过程。文化的知识属性决定了它的育人功能。

育人并不是教育人，而是改变人、培育人和提高人的水平。首先，文化促进人不断进化。借助文化，人们从愚昧走向文明、走向科学。其次，文化可以塑造人。人们总是在不断地学习各种文化知识，从而塑造自己的人格。最后，文化可以提升人的智力。通过学习各种知识，人的创造能力会有所提升，劳动的技术含量会得到提高。

3. 整合功能

社会需要通过文化的整合功能来维系其秩序的稳定，因此，整合功能也是文化的重要功能。社会通过整合，可以协调文化内部各个部分之间的关系，使之形成一个和谐一致又联系紧密的整体。此外，一个国家或民族的制度与其人民的观念、行为等也需要规范，文化的整合功能恰好可以使这个国家或民族的人民对自己的国家或民族形成归属感。通过不断整合，各个国家或各个民族开始出现文化交融，从而达到加强民族团结、促进社会稳定与发展的目的。

4. 规范功能

文化对人类的社会行为有一定的约束作用。人们根据文化制定出各种行为准则、制度规范等，这些准则、制度可以有效地规范、约束人类的社会行为，为社会的稳定发展和有序运转提供有力的保障。社会生产力的进一步发展为人们的生活提供了更大的便利，在人类文明演化、进步的过程中，为了维护社会的和谐发展和稳定的生活生产状态，人们制定了各种规章制度，以约束社会成员的行为。如果没有这些规章制度来引导和制约社会成员的行为，社会运行就会失序，从而产生各种恶劣的影响。文化对社会成员有一定的规范作用，可以为社会的有序和稳定发展提供保障。

5. 反向功能

反向功能也是文化的重要功能。个体和群体并不能一直有效约束自己的行为，违反社会规范的情况时有发生。例如，社会的机会结构可被视作一种文化安排，在这种机会结构中，有些人在追求自己的目标时会采用合法的方式，而有些人则会采用非法的方式。前者是文化的正向整合功能或状态的体现，后者则是文化的反向整合功能或状态的体现。针对这一情况，我们在社会活动中就要发挥文化的正向整合功能，以保证社会体系的平衡。

（三）文化的特征

1. 传承性

文化具有传承性，是人类在进化过程中衍生和创造的一种代代相传的处世规则和行为模式，对个体和社会的发展具有促进作用。也就是说，文化并不是人类生来就有的，而是人类在社会化过程中逐渐创造出来的，每一个社会人只有依靠特定文化的力量才能生存与发展。文化作为人的生存守则，指导着个人与群体生活的方向。在某种意义上，可以说，文化是为人类的生存提供指导，帮助其对付生存困境的一种集体智慧结晶。

人类在长期的社会生活中形成的集体意识和一致认识，构成了共同价值体系；共同价值体系的制度化反过来对人们的生存行为起着规范作用，决定着人们的行为方式，并对双方在活动中的相互关系进行调整。

2. 民族性

文化具有民族性特征。人类学家克利福德·格尔茨（Clifford Geertz）指出："人们的思想、价值、行动，甚至情感，如同他们的神经系统一样，都是文化的产物，即它们确实都是由人们与生俱来的能力、欲望等创造出来的。"[1] 这就是说，文化是特定群体和社会的所有成员共同创造出来并普遍认同的，一般以民族形式出现，具体通过一个民族使用共同的语言、遵守共同的风俗习惯，其所有成员具有共同的心理特征和性格体现出来。

3. 整合性

文化是各种要素构成的整合体系，体系的各部分在结构上是互相联结的，在功能的发挥上是互相制约的。爱德华·霍尔（Edward Hall）曾借用信息论和系统论的基本思想，根据人类活动的领域将文化分为十大"信息系统"：互动、联合、生存、两性、领土、时间、学习、消遣、防卫和利用。每个系统为其他文化系统所反映，自身也反映其他文化系统。此外，他指出，这些系统相互作用、相互影响，所以文化研究者无论将哪一个信息系统作为起点，最后均能呈现一幅完整的文化图景。

4. 稳定性与变化性

文化既是稳定的，又是变化、发展的。每一种文化的内部，都有一种文化结构，可以使其保持稳定，这种结构可以是相对稳定的道德观、价值观，也可以是习俗、世界观等。当文化受到外部冲击时，该结构可

---

① 克利福德·格尔茨.文化的解释[M].韩莉，译.南京：译林出版社，1999：63.

以维护文化自身的平衡与稳定。文化是不断发展和变化的，新发明的出现、政治上的突变、生产力的发展、新观念的形成、经济全球化的发展等都能够使文化产生一定程度的发展和变化。

二、跨文化交往的含义、成分及关联形式

（一）跨文化交往的含义

文化是大自然、内在自然、社会自然的人化。对于一个群体（如民族或国家）而言，文化就是一定意义上的人化，是其对大自然、内在自然、社会自然的人化。

一个国家或民族总不断地对大自然进行改造，如开发资源、兴修水利，从而实现自己所处地域范围的大自然的人化。一个国家或民族改造本国或本民族人民的内在自然，也就是改造本国或本民族人民的生理基础，如我国目前开展的全民免疫工程（为幼儿和小学生提供免费的免疫服务以减少甚至消灭某些疾病）、豆奶工程（为小学生供应豆奶以促进小学生身体的健康发育）、全民健身工程等，都是为了改造我国人民的内在自然。一个国家或民族的社会自然就是与该国家或民族所交往的外部人文世界，主要是与这个国家或民族交往的其他国家或民族的文化。一些国家或民族在与其他国家或民族交往的过程中改造了自己的文化，形成了专门用于处理与其他国家或民族关系的文化，如开放或封闭等不同的观念，学习外语、出国留学等生活方式，以及外交等制度。

对于一个国家或民族而言，改造社会自然不仅包括它的社会化，还包括它的国际化（当然可以理解为国际社会化），也就是使本国或本民族成为国际社会的成员。

由此可见，一种民族文化通常同时带有民族性特征和国际性特征。其中，民族性特征指与本民族的行为、观念等密切相关的文化特征，而国际性特征一般指不同文化群体进行交往时所体现的不同的生活方式、

价值观念以及规则制度等。当互相交往的两个对象分别属于两种不同的文化群体时，这种交往就是跨文化交往。

（二）跨文化交往的成分

不同文化群体之间的跨文化交往推动了人类社会的发展，而社会的发展又进一步促进了跨文化的关联。

从近代以来人类学对原始部落的研究可以看出，一个文化群体在跨文化交往中实现本群体的国际化，这种国际化促进了这个文化群体的发展。

随着社会的发展，跨文化交往的技术越来越先进。2 000 年以前，人类社会的远距离交往凭借鼓声、烽火、驿马；1 000 年以前，人类社会的远距离交往仍然凭借八百里加急的驿马；而在当代社会，人类社会通过电子技术实现了同步化交往。今天，人类不同群体之间的跨文化交往已经越来越密切、深入，能够实现新产品的全球同时发布、新技术的全球同步共享。人类的跨文化交往促进了人类社会的发展，而人类社会的发展又强化了人类的跨文化交往。

文化中不仅含有积极的成分，还存在一些消极成分。同样，也一定会有积极的成分和消极的成分存在于跨文化交往的生活方式和相关观念中。比如，很多文化中不仅存在对群体具有凝聚、团结作用的成分，还存在歧视和排斥其他民族文化的成分；不仅存在对外开放的成分，还存在闭关自守的成分；不仅存在向其他民族学习与借鉴、促进各民族共同繁荣和发展的成分，还存在盲目自大、鄙视异民族文化的成分；等等。由于文化中存在着这样积极和消极的成分，因此，人类在跨文化交往时，必然产生积极和消极这两种截然不同的交往行为。

（三）跨文化交往的关联形式

跨文化交往中的关联形式主要表现为以下几种。

（1）不同文化群体之间为了促进各自的发展和加强相互的交融、消减跨文化冲突而形成的各种相互关联形态，如跨文化的认知、交往、借鉴与汲取等积极的跨文化形态。

（2）不同文化群体之间因为跨文化交往而出现的文化的矛盾、冲突、碰撞等消极的跨文化形态。

（3）不同文化的民族平等交往，交往双方共同发展和繁荣，互相宽容，互相尊重，求同存异，各美其美，所呈现出的就是理想状态下的跨文化形态。

由于跨文化交往兼具积极和消极两种特质，因此我们在选择跨文化教育的内容时，应选择对跨文化交往有利的积极成分，选择接近跨文化交往的理想状态的部分，这就是跨文化教育需要注意的方面。跨文化对话的过程实际上是说与听结合的过程，是一个输入与输出并存的双向过程。通过跨文化的对话，交际的参与者有机会将自身的民族文化介绍给对方，消除对方的误解与偏见，深化对方的理解与认知，促进自身的民族文化得到有效的传播。跨文化对话还要求参与者以平和的心态倾听，这种倾听既包含倾听对方对自身民族文化的介绍，也包括对方对己方民族文化的评价。带有客观性、批判精神的倾听有助于对自身内心世界进行剖析，有助于在跨文化环境中养成自我分析、自我认同、自我矫正和自我调节的习惯。带有理性、主动性的倾听有助于发展对各民族文化的好感，在文化存在差异的情况下降低交往困难、促进相互理解、提高文化适应程度。此外，倾听还有助于文化反省、交叉文化沟通，有助于培养受教育者解决文化碰撞问题的能力。跨文化教育中的跨文化对话能增进异质文化间的相互宽容与理解，推动和平共处、合作共存、协作发展的国际文化新秩序。

第二节　跨文化教育的内涵

一、跨文化教育的起源与发展

跨文化教育历史悠久，从古至今，世界上很多国家和地区都与其他国家和地区开展了不同形式与程度的交往，如国家和地区间的旅游、访问、留学等。事实上，这些都属于跨文化教育实践。

世界上不同文化之间的相互交流与合作，促进了各国文化的发展。但需要指出的是，受各种因素的影响，文化差异必然存在，这就导致隔阂与冲突不可避免。要促进各民族、各国之间文化的交融，我们就必须进行跨文化教育。

跨文化教育是一个新兴领域，产生于 1960 年前后。在这一时期，世界上移民国家众多，移民的存在引起了很多社会问题。最初，移民国家比较关注移民如何在当地生存。随着时代的发展，移民国家开始关注文化的交融，并分析为何会出现文化变迁、文化交融后的消失等现象。之后，跨文化教育理论诞生，如文化同化论、文化变迁论、跨文化交流论、多元文化教育论等。

跨文化教育作为一种国际教育思潮，产生于 1990 年，它是在联合国教科文组织的推动下形成的。

1980 年，联合国教科文组织开始对教育与文化的关系进行研究，尤其是教育对文化的作用。之后，联合国教科文组织开展各项活动，并提倡为少年儿童编写合适的教材，以帮助他们了解不同文化所代表的意义及不同的生活方式。

进入 20 世纪 90 年代，在联合国教科文组织的不断推动下，跨文化教育的理念更加明确，得到了世界各国的认同。其中，联合国教科文组织召开的国际教育大会第 43 届会议有着十分重要的意义。这次大会以"教育对文化发展的贡献"为主题，发布了《教育对文化发展的贡献》这一纲领性文件。这一文件主要宣扬了跨文化教育，并提出推动世界各国跨文化教育的发展。具体来说，表现在如下几点。

第一，明确人的全面发展的作用，并指出应该通过广泛的接触与教育来促进人的全面发展。

第二，明确指出普及教育、传播文化是联合国教科文组织的目标，以保证各国之间的文化多样性与文化独立性。

第三，明确每个人都有权利参与文化与艺术活动，享受文化生活。

第四，重视开展不同文化的对话与交流，增强文化多样性，彰显自身文化的特性。

第五，明确教育与文化的关系，尤其是教育对文化的作用。

第六，强调跨文化教育的相关概念，认为其目的在于尊重文化、理解文化的多样性。

第七，界定跨文化教育的范畴，不仅将某些学科的教学活动纳入其中，还将所有学科教学与学校系统、媒体、家庭等纳入其中。

第八，倡导学校与社会环境相结合，逐渐构筑一个有效的对话场所，并开阔学生的文化视野。

第九，提出跨文化教育的策略、方法，并指明教育内容、教育课程、教育语言等。

第十，呼吁构建跨文化教育质量标准，以推进跨文化教育在世界上的发展。

进入 21 世纪，联合国教科文组织为更好地推进跨文化教育，提出了跨文化教育的方针与措施。在联合国教科文组织的推动下，各国建立了相应的教育组织机构，以便有效推动跨文化教育的发展。可见，跨文化教育在当代已经成为一种普遍现象，我们必须重视起来。

二、跨文化教育的概念及其开展的必然性

1.跨文化教育的概念

虽然跨文化教育的实践具有悠久的历史，但跨文化教育的理论探讨直到 20 世纪 70 年代才开始出现，真正形成系统的研究则是在 20 世纪 90 年代联合国教科文组织的文献之中。

联合国教科文组织在 1992 年发布的国际教育大会建议书《教育对文化发展的贡献》中正式提出了跨文化教育。该文件在界定跨文化教育之前，先界定了"文化教育"，指出文化教育中必须包括跨文化教育。该文件指出，跨文化教育或多元文化教育包括为全体学习者所设计的计划、课程或活动，这种教育能够促进整合和学业成功，增进国际理解，并使同各种排斥现象作斗争成为可能，其目的应是从理解自己国家的文化发展到鉴赏邻国的文化，并最终鉴赏世界性文化。

这一界定具有广泛的指导性，宽泛地界定了跨文化教育，特别是指出了跨文化教育的目的。显然，目的的阐释有利于明确定义内涵，因为目的是概念界定时不可或缺的重要方面。

我国 1998 年出版的《教育大辞典》中也收录了"跨文化教育（cross-cultural education）"这一词条，该词典对跨文化教育的定义如下：

第一，在多种文化并存的环境中同时进行多种文化的教育，或以一种文化为主，兼顾其他文化的教育。

第二，在某种文化环境中成长的学生，到其他语言、风俗习惯和价值观、信仰都不相同的文化环境中去接受教育。

第三，专门设置跨文化的环境，让学生接受非本民族语言、风俗习惯和价值观的教育。[①]

这一定义是描述性的，力图通过列举多种跨文化教育的形态（多元文化教育形态、留学教育形态、外来文化教育形态）来定义跨文化教育。

---

① 顾明远.教育大辞典：第 11 卷 [M].上海：上海教育出版社，1998：916.

2.跨文化教育开展的必然性

跨文化教育开展的必然性主要表现为跨文化教育是人类文化实践的必然要求，是实行国民素质教育的必然要求，是当前经济全球化发展的必然要求，也是我国不同民族、不同社会群体之间交往日益增多、复杂的必然要求。

（1）人类文化实践的必然要求。跨文化教育是人类消减跨文化冲突的文化实践之一，因此，跨文化教育是人类文化实践的必然要求。此处不再赘述。

（2）国民素质教育的必然要求。教育是培养人的社会实践活动，在当前，培养时代所需要的国民，提升国民素质是我国基础教育的基本要求。

郭文安教授界定的国民素质的基本要素包括：端正的义务、权利观念；强烈的个人效能感和社会效能感；主体性人格及良好的创业素质；体魄健康且环境适应能力较强；具有市场观念和应有的经济生活素质；注重传媒和社会舆论；有生态意识；具有民族意识，有民族自豪感；具有以实现个人的全面发展为目标、以人道主义为核心的新伦理精神；能够树立审美意识，提高审美能力；形成科学的思维方式，能掌握一定的现代科学技术知识；具有时间效率意识，有计划观念；能够用开放的观念，积极接受新的思想、经验及行为模式，有积极面对变革的心态，具有法律思想；有世界意识，努力做"世界中国人"；能有效利用和支配闲暇时间。

可以说，国民素质的培育几乎都不同程度地需要跨文化教育的参与。这主要体现在两个方面：

首先，国民素质中的有些成分需要通过跨文化教育活动来建构，如开放的心态、世界意识等都可以在跨文化教育活动中得到建构。

对于跨文化意识来说，开放的心态是一种基本内涵，而要形成开放的心态，就要获得跨文化知识，对外来文化形成一定的认知，参与跨文化交往，学习和借鉴外来文化中优秀的部分。世界意识主要表现在两个方面：第一，将世界性利益作为出发点，以世界性的眼光看待和解决一些需要全球共同面对和解决的问题，如如何缓解温室效应、如何保护臭氧层以及如何治理土地荒漠化和沙漠化等问题。此外，还有国际冲突问题、跨文化交流的矛盾和冲突等，都只有形成世界意识，才能有正确的理解，进而找到解决方法。第二，做"世界的中国人"，为全世界的和平事业发展承担相应的义务和责任。我国拥有非常悠久的历史和民族传统，是世界上人口最多的国家，作为中国人，我们有义务、有责任，也有理由承担起一份世界责任，与世界互通先进的文化。成为"世界的中国人"不仅仅是每一个中国人发展的方向，更是世界的需要，我们应该以平等、尊重的态度在跨文化交往中形成世界意识。

其次，有些国民素质的培养需要借助外来文化，如市场观念及其相应的经济生活素质、现代思维方式、民主与法治意识等，在中西方文化的交融中可以得到更有效的培养。我们要学习西方文化中这些方面的精华，以更高效地培育这些素质。学习与掌握西方的这些先进文化，必须具有丰富的文化知识、敏锐的跨文化意识、高超的跨文化能力，如此才能够真正学习到其文化的精髓；也只有通过系统的、长期的、全面的跨文化教育实践，才可能培育出这些国民素质。

第三节　跨文化教育相关研究与实践基础

一、跨文化教育相关研究

（一）跨文化交流学的研究成就

跨文化交流学是 20 世纪 70 年代从传播学中分出的一个新的学科。20 世纪 80 年代以后，该学科得到了很大的发展，涌现出一大批专家以及著作。

美国文化人类学家爱德华·霍尔是这个领域的开拓者。1959 年，他的经典著作《无声的语言》出版，该书中首次使用了"跨文化交流"一词。此外，奥利弗在 1962 年出版了《文化与交流》（*Culture and Communication*），史密斯在 1966 年编辑出版了《交流与文化》（*Communication and Culture*）。

20 世纪 70 年代，阿森特等人编辑出版了《跨文化交流学指南》，阿森特与古迪肯斯特共同编辑出版了《国际信息交流与跨文化交流学指南》。

我国从 20 世纪 80 年代后期开始涉猎这一学科，学者们翻译了一批学术著作，如萨姆瓦等人著的《跨文化传通》、霍尔的《无声的语言》和《超越文化》。另外，中国学者也编著了相关著作，比较有代表性的是胡文仲主编的《跨文化交际与英语学习》和《跨文化交际学概论》，毕继万主编的《跨文化非语言交际》等。

跨文化交流学这门学科注重分析跨文化交往的过程，同时分析跨文化交往双方的特点以及跨文化交往的方式等，从而找到跨文化交往出现障碍的缘由及可能的解决办法。

跨文化教育的一个重要目标就是促进跨文化交往的顺利进行，而跨文化交流学致力于找到跨文化交往出现障碍的缘由，这样，我们就更清楚在实施跨文化教育时要重视哪些方面。

（二）跨文化心理学的研究成果

跨文化心理学兴起于 20 世纪 50—60 年代，英国人类学家、心理学家穆勒被视为跨文化心理学的奠基人，他在其著作《逻辑体系》一书中初步体现出跨文化心理学思想。泰勒是继穆勒之后又一个对跨文化心理学研究有着突出贡献的英国人类学家。他通过分类，列出大约三百种文化现象，并采用统计、比较的方法分析研究社会习俗、禁忌、语言与行为的关系。①

目前，跨文化心理学研究已经进入成熟阶段，各种学术专著、刊物相继问世。1980年，美国著名心理学家兰伯特组织编辑的六卷本《跨文化心理学手册》正式出版。《跨文化心理学手册》是一部百科全书式的著作，是跨文化心理学发展历史上的里程碑，内容涉及跨文化心理学的基本理论、跨文化心理学的方法论、心理发展的跨文化研究、心理治疗的跨文化研究等。马尔塞拉等人主编的《跨文化心理学》一书较为全面地介绍了跨文化心理学研究的概况，为致力于探讨文化变量对人类行为影响的研究者提供了权威性的理论依据和重要的评价参考。后来，由人类学家和心理学家共同编辑的《跨文化人类发展手册》正式出版。该书详尽地分析了文化差异与儿童发展的关系，通过系统的测验和比较实验研究，检验了在单一西方文化中形成的发展心理学，提出了揭示人类心理发展规律的科学途径。

当前的跨文化心理学研究通常将心理学和人类学的研究方法结合，既使用心理学的实验、测验、统计等传统的方法，也使用田野观察等文化人类学的方法进行描述性比较分析。

跨文化心理学的研究成果可以有效地揭示个人在跨文化交往中的心理状态和思维模式的一些规律，而掌握这些规律就能更加顺利地实现跨文化交往，所以说，跨文化心理学的研究成果也是跨文化教育的重要内容。

二、跨文化教育相关的实践基础

（一）西方与中国多元化教育实践

1. 以加拿大和美国为代表的西方多元文化教育实践

加拿大和美国的多元教育实践都是以"文化共存"的模式进行的，

---

① 爱德华·泰勒. 原始文化 [M]. 连树声，译. 上海：上海文艺出版社，1992：57.

加拿大在"文化共存"方面表现得更为明显。它在进行多元文化教育实践时，强调各民族文化存在的合法性和发展的平等性；重视多元文化主义的课程开发；建立了以乌克兰语、德语为教学语言的公立学校，在日常生活中恢复了各少数民族"祖先的语言"。为使"多元文化教育"顺利进行，加拿大政府大幅度增加了财政拨款。所以，加拿大的多元文化教育实践的特点是以行政体制和经济支出为保障，坚持不同民族文化的平等和共存。

美国的多元文化教育也倡导"文化共存"模式。20世纪50年代和60年代，美国经历了一系列影响美国教育的事件。1977年5月，美国教师教育委员会制定了一个标准，要求它的分支机构——由约80%的美国培训教师组成的机构——制订的教师教育计划中要包括多元文化成分，为教师教育计划中的多元文化教育的实施提供便利的条件，且多元文化教育在课堂、研讨会、指导读物、实验室和诊所经历以及别的领域的经历中受到关注。从20世纪80年代到如今，多元文化教育已经成为美国民族教育的主流。

因此，无论是在加拿大还是在美国，这种"文化共存"的多元文化教育模式都取得了成功，但是，由于多元文化教育本身的局限性，这些国家的多元文化教育仍面临着一定的挑战。"文化共存"的多元文化教育模式是多元文化教育中比较完善的一种，因为它主张理解与尊重各种不同的文化，但是，这种模式只看到了差异，提倡对不同文化的尊重，却忽视了各种文化之间的互动与联系。

在美国和加拿大，一些教育学者和社会学者意识到他们面临的挑战和多元文化教育的局限性，因此赋予跨文化教育理念以新的内涵。除了培养教育对象尊重其他文化外，还要促使各种文化积极互动，在互动中得到更好的发展。

2. 中国多元文化教育实践

中国是一个拥有着悠久历史的国家，中华民族独特的文化决定了中国教育自身的特点。在过去的很长一段时间内，中国文化一直都表现为"多样而统一"，即以"汉文化"为主体，在汉文化发展的过程中不断同化和融合各少数民族的文化以及传入中国的域外文化。由于这种特殊的文化状况，在中国，多元文化教育实践起步较晚。但随着中国开放程度的逐渐加大，中国进入了一个崭新的时代，越来越多的中国人走出国门，越来越多的外国人进入中国，中华文化在世界各国得到广泛传播，西方文化也在中国得到发展。为了适应新的时代，很多中国人开始新的学习历程，逐渐加深对外国文化的了解，并在文化交融中传播中华文化，多元文化教育得到发展。

在新一轮的基础教育课程改革中，有些学者提出将多元文化教育的理念融入其中，希望课程文化由单一化转向多样化，并通过教学方式的转变将多元文化教育的思想融入课堂教学之中。随着全球化对中国影响的加大，许多学者发现仅仅提倡多元文化教育已经不够了，必须要在多元文化教育的基础上倡导跨文化教育，从而提高学生的跨文化交往能力和促进我们民族文化的健康发展。

多元文化教育在大陆地区发展迅速，涌现出滕星、钱民辉、郑新蓉、郑金洲、万明钢、王鉴等一批代表性学者，以及中央民族大学、北京大学、北京师范大学、西北师范大学等多个高校学术团队。中国是一个多民族、多语言、多文化、多宗教的国度，今天的综合国力和国际地位都得到了大幅度提升，人口流动和社会互动空前频繁，因而优良的跨文化沟通能力已经成为当代中国人的必备文化素养，加强多元文化教育确实迫在眉睫。由于多元文化教育有个"洋出身"的问题，因此如何大力发展基于中国情境的多元文化教育是当前最大的挑战。应对这一挑战的策略可以是"八仙过海，各显神通"，但是从以下三个方面着手仍是必要的：首先，要提升问题意识，即要争取提出一系列有逻辑性、历史感和想象力的真问题；其次，要探索本土经验，即要不断梳理总结现代中国在促进教育公平方面的经验教训；第三，要加强理论构建，即要持续提升基于中国情境所构建的理论对实践的解释力和引导力。

（二）跨文化交际学学科的教学实践

日益频繁的跨文化交往促进了跨文化交际学的产生，而为了推动跨文化交往的发展，一些学校广泛开展了跨文化交际学学科教学。据美国"跨文化教育、训练和研究会"（Society for Intercultural Education，Training and Research）的调查，1977 年，全美国有 450 多个教育机构教授"跨文化交流学"的课程（主要是传播系），有的大学还具有跨文化交流学专业的硕士、博士学位授予点。在我国，从 20 世纪 80 年代开始，一些学校开始开设这门课程，主要是针对外语专业、对外汉语专业，以及一些国际政治系中的跨文化交流专业。①

从教学的内容上看，跨文化交际学包括介绍各种跨文化交流的模式，从文化交流的过程与交流的层次等多个角度来分析跨文化交流。这样，我们可以更加全面而深刻地认识跨文化交流这种现象的特点和跨文化交流中可能存在的问题，从而有助于我们更高效地实施跨文化教育。

比如，跨文化交际学从文化差异的角度分析跨文化交往中存在的问题，那么，我们在进行跨文化教育的实践时，就应该让学习对象充分了解各种文化的特点。又如，在进行跨文化交际学教学时应该指出，跨文化交流中不仅存在着言语的交流，还存在着许多非言语的交流，如体态语、颜色语、图画语等。这就要求我们在实施跨文化教育时，注意了解一些不同文化中的非言语交流的情况。

可以说，跨文化交际学的教学为学习者提供了跨文化思考的角度和起点，有利于跨文化教育的顺利开展。

---

① 毕会英 . 浅议中国的跨文化交际研究 [J]. 文学界：理论版，2011（9）：188-189.

第二章 大学英语教学理论基础

第一节　大学英语教学的内涵

一、教学

教学是教育范畴中较为复杂的概念。这是因为教学对教师来说，是教育活动；而对学生来说，是学习活动。所以，无论是学生学习的过程还是教师教授的过程，都属于教学范畴。学生可以在师生互动中，通过教师的引导掌握知识和技能，实现自身情感、能力等方面的成长。也就是说，学生可以在学习过程中得到全面发展。由此可见，教学过程是教和学的有机统一体，它要求教师必须为教授设定计划，要求学生必须积极主动地学习，要求师生共同参与。但有一点要特别注意，那就是这个过程中的主体是学生，而教师的作用是引导该活动顺利进行。

作为学校教育中最重要的教育活动形式，教学具有很强的目的性。教学活动的主要任务就是进行知识和技能的传递，传递的内容具体表现为课程内容与教学内容。从总体层面来分析，教学活动具有极强的计划性和系统性，所以往往采取课程计划、教学计划的形式。通常情况下，教育行政机构负责课程计划与教学计划的制订，但有时也可由教师或学校自行制订。

二、语言教学

语言教学是教育活动的重要组成部分，其根本目的是帮助学习者掌握一门具体语言并应用于具体交际活动中。

一般来说，语言教学主要包括以下两种。

（1）本族语教学，也就是第一语言教学。关于这种语言教学的内容，学者之间存在不同的看法。有些人认为，儿童第一语言的学习不属于传统的语言教学，因为它不是一种有目的、有计划、有特定方法的教学活动；但也有学者对此表示反对，认为儿童语言的习得和学习都属于第一语言教学的范畴。

（2）外语教学，也就是第二语言教学。第二语言教学一般指的是外国语言教学，其中既包括中国对本国学生进行的英语、法语等外国语言的教学，也包括中国对其他国家学生进行的汉语教学。第二语言教学建立在第一语言教学的基础之上，前者是对后者的延伸。

语言教学除了这两种之外，还有双语教学和多语教学。

语言教学是一门独立的学科，具有独立的理论体系。但是，语言教学的研究内容不仅包括教学活动，还包括语言教学的方法、原则等理论。除此之外，教育学、心理学、语言学、学科教学论和教育技术学等的相关理论也为语言教学的开展提供了支持。

三、英语教学

英语教学既是语言教学，也是文化教学。

第一，由于英语是国际性的交际语言，因此英语教学属于语言教学。开展英语教学，就是为了培养和提高学生运用英语的能力。对于中国学生来说，英语是第二语言，是一门外语，英语教学也是外语教学。就人类英语教学的历史发展而言，英语教学与英语知识教学密切相关，以英语知识作为基础展开教学，可以培养学生运用英语的能力，这也体现着英语教学作为语言教学的本质。但有一点需要指出，那些对语言知识学习展开的研究类教学并不是建立在语言运用基础上的，如对古希腊语、古汉语展开的一系列研究。因此，这类教学并不属于语言教学的范畴。由于研究的这些语言并不会应用到当今社会中，因此必须将这种研究和语言教学区别开来。

第二，英语教学属于文化教学。因为语言与文化之间的关系密切，所以学生必须掌握好语言基础知识与文化知识，进一步提升语言思维，以备在以后的工作与生活中熟练且恰当地使用英语。

四、大学英语教学的内涵

英语对于中国学生来说是第二语言，只有拥有可以运用语言的环境，有可以使用的对象，大学英语教学才能够取得良好的教学效果。因为当前的大学英语教学对学生的语言掌握能力和应用能力都有最直接的影响，这一点从大学英语教学的内涵和定位上就可以看出来。

从教育学的角度来说，大学英语教学是教育活动的一种。对于教师来说，教学主要是为了引导学生学会如何学习，促进学生的发展是教学的目标；而对于学生来说，教学是在教师的指引下进行学习。可见，教学是教师与学生互动的过程，教师负责教，学生负责学，二者共同实现教学目标。

关于大学英语教学的内涵，我们可以从下面几点来理解。

1. 大学英语教学是有目的的活动

每个阶段都有不同的教学目标：中小学阶段的学生的英语学习目标是掌握听力、词汇、阅读、语法等基础知识；大学阶段的学生除了继续加深对英语基础知识的学习外，还要熟练掌握听、说、读、写、译五项技能，并将其和文化结合，在生活和工作中熟练地运用。

2. 大学英语教学具有系统性与计划性

大学英语教学具有系统性和计划性，其中，系统性主要是从教育管理人员、教育研究人员和学校教学管理者等教育政策制定者身上体现出来的，而计划性则是指教学是针对英语知识开展的一系列有计划的活动，如听力、口语、语音、写作等知识和技能的教学活动。

3. 大学英语教学需要采取合理的教学方法与技术

要想提升大学英语教学的效果，让大学英语教学更具灵活性和互动性，就必须选择科学合理的教学方法与技术。如今，随着现代科技的迅速发展，以及英语教学的不断进步，大学英语教学中出现了各种各样的先进技术与教学方法，特别是运用网络媒体技术进行教学的方法，非常值得高校教师借鉴。

综上所述，我们可以将大学英语教学的内涵总结为：大学英语教师从教学目标与教学内容出发，在有计划的、系统的教学过程中采用一些技术手段传授英语知识，以让学生掌握英语基础知识，促进学生整体英语素质的提升与发展。

第二节　大学英语教学模式

一、基于教育信息化的大学英语教学模式

（一）构建基于教育信息化环境的混合英语教学模式

在教育信息化环境下，构建混合式英语教学模式，可通过整合线上、线下各种教学资源，利用先进的网络信息技术与互联网平台，将线下单一的教材内容、教学目标与教学任务，与线上丰富的教学资源、多媒体课件等有机结合，并分别从课前预习、课中讲授、课后复习三个阶段进行整体设计，不仅可以进一步实现学生自主学习与教师课堂教学的深度融合，还可以大幅度提高大学英语教学质量和效率，推进其信息化建设。

第一，在课前预习环节，教师利用信息技术手段，引导学生通过网络平台完成课前预习任务，这可以进一步减少课堂教学时间减轻教师的教学压力，将更多的课堂教学时间留给学生进行自主探索学习。在此过程中，教师可通过提前分析该节课要讲解的知识点，将英语教材中的疑难知识点提取出来，制作成 5～10 分钟的教学微视频，通过网络学习

平台或社交 app，如微信、QQ 等，发送给学生，供学生在课前自主预习时使用。为确保每个学生都认真观看、预习课前教学视频，教师还可以在视频的中间段和结尾处设置几个问题，让学生利用网络信息技术搜索有关的学习资料，自主探索正确答案，并在课堂教学时公布答案。

第二，在课堂讲解阶段，教师可针对学生的预习统计数据，对一些学生认为不好理解的难点和重点知识进行讲授与答疑，还可利用 app 平台进行随堂练习与测试，实时监控学生对知识点的掌握情况。然后，在学生已基本了解本节课程所讲内容的基础上，适当开展一些知识抢答、口语互动交流、跨文化交流等活动，并适当借助多媒体播放设备，播放一些与活动内容、教学内容相关的视频，以图文并茂的方式辅助学生对文化差异进行探讨与交流，从而激发他们的创新思维。

第三，在课后复习阶段，教师可有效帮助学生巩固自身所学知识内容，并让学生反思其最近学习中存在的不足与需要改进的地方，这是提高学生学习成效的关键所在。在此阶段教师可借助网络信息技术与互联网平台，辅助学生进行信息化、高效化的课后复习。在此过程中，英语专业教师可先通过在网络学习平台或微信、QQ 上布置一些课后作业、在线测试题等学习任务，让学生了解自己对所学知识的掌握程度以及存在的误区，然后引导学生通过网络平台向教师、同学等寻求帮助，最后还可为学生分享一些有关跨文化知识的课外读物、电视、电影等，供学生课余时间自主学习，以此来加深学生对跨文化知识的理解，提升其跨文化交际能力。

（二）搭建符合"分层教学"标准的英语教学资源平台

所谓分层教学模式，就是按照素质教育要求提出的"以生为本，因材施教"育人理念，依据大学英语教学内容、教学目标、教学任务及教学方案等，围绕学生的学习需求、发展需求、个人感受、个性特点、个体差异等情况，结合先进的网络信息技术，按照不同学生的学习能力、学习水平与知识储备情况，搭建符合分层教学标准的英语教学资源平台，设置不同学习层次、不同学习难度的教学板块，并融入相对应的教学微视频，供各个层次的学生进行自主选择学习。这样一来，不仅能使每位学生的综合能力得到有效提高，取得较好的学习效果，还有利于打造高质量、高效率的大学英语教学课堂。在此过程中，教师可按照学生入学时的考试成绩、平日的课堂小测情况或是网络学习平台上的答题分数，来了解学生的知识掌握程度与学习水平，并按照该情况科学、合理地进行教学。

（三）打造符合教育信息化标准的高技能型教师团队

大学英语教师作为教育信息化背景下英语教学模式创新发展的实施者、组织者与引导者，其自身所具备的信息化素养、信息技术应用水平、信息化思维等，都会在一定程度上影响大学英语教学的信息化建设进程。因此，只有不断提高大学英语教师的信息化技能水平，使英语教师充分认识到信息技术的重要性与必要性，了解到基于教育信息化的英语教学创新并不是一蹴而就的，也并不能单纯地依赖信息技术进行创新，而应结合自己的教学经验、传统课堂教学优势，利用有效措施，将线上教学与线下教学有机地融合在一起，才能真正实现高效的信息化英语教学课堂。因此，教师除了日常钻研信息化建设途径外，还应积极参与一些有助于提升自身信息化技能水平、培养正确的信息化观念的培训、科研、教研活动，还可定期与其他外校同专业教师组织学术座谈会、交流大会等，以丰富自身经验，开拓教育视野，不断提升自身的信息技术水平，为教育信息化背景下的大学英语教学创新提供有效保障。

（四）开发适合教育信息化发展的线上考核评价系统

开发适合教育信息化发展的线上考核评价系统，可通过网络教学平台中的信息技术来进行。教师对学生在该系统中的日常学习行为、学习进度、学习效率、学习过程、课前课后参与度以及参与质量等数据进行统计与分析，对考核评价系统中的真实数据进行客观性的评价与总结；

然后根据了解到的学生学习误区、思维误区等，反思自己的课堂设计是否合理，是否符合学生需要，并适当调整教学方法与策略，进行英语教学模式的创新，从而符合学生发展需求。同时，线上考核评价系统的受众主体不应当只是学生，还应包括教师，要围绕教师的教学能力、教学思维、教学方案、信息技术应用水平与能力、综合素质等进行考核与评价。在此过程中，教师可将自己的教学方案、教学过程等录入该系统，定期利用该系统进行考核与总结，分析自身存在的不足之处；还可引导学生利用该平台，以匿名制、实名制等方式，对教学整体情况进行反馈，提出客观性的意见及建议，供教师采纳与调整，以此来保证教师所选择的创新性英语教学模式高度符合学生的学习需求。

二、基于慕课的大学英语混合式教学模式

（一）积极培养大学英语教师的信息化技术素养

基于慕课的大学英语混合式教学模式对教师的信息化教学素养提出了更高的要求。大学英语教师不但要掌握多媒体的制作和使用技能，而且要熟练掌握互联网资源的获取方法，特别是视频、音频等的制作和剪辑技术。在教学之余，教师可以通过网络视频讲解学习慕课的制作流程，特别是录制和剪辑。只有熟练掌握现代教学技术和手段，才能制作出符合学生要求的慕课资源。教师通过线上平台掌握学生的学习时间、次数、时长以及不同题型的答题情况，进行技术性整理和分析，获取相关分析数据，从而在线下课堂教学中进行有针对性的训练，提高教学效率。此外，教师也应引导学生合理利用网络优质资源，做好自我管控与监督。

（二）加快课程团队建设，增强协作能力

慕课质量的高低直接关系到线上学习效果与学生的学习反馈情况。混合式教学的实施促进了教师团队的协作共享，同时对教师的教学提出

了更高的要求。教师在学习、沟通、交流的过程中要不断改进教学方法，更新教学理念，进行资源共享。此外，不同研究方向的教师可以根据自己的学科特点分享最新的学习资源，使大学外语教学与学生的专业相结合。专业课教师和大学英语教师可以实现跨学科领域的合作，将慕课教学细化为 SPOC（Small Private Online Course，小规模限制性在线课程），实现学科专业建设与慕课教学方式的统一。这种合作模式可以加快校本课程的改革和建设，体现了英语教学的本土化，具有很强的实用性，能够更好地为本校学生提供服务。

（三）创设教学情境，培养学生自主学习能力

当前大学英语教学模式从传统的教学转变为线上和线下相结合的混合式教学，开创了外语教学的新局面。在实际教学中，教师应该根据教学需求，依托网络资源创设教学情境，如利用视频资源较为直观的特点，使学生融入不同的语境，体验中西方文化的差异，从而激发其学习语言的兴趣，培养其学习英语的积极性。此外，教师还应依据学生的个体差异，引导其在特定的语境中开展任务型和探究式的学习活动，为学生视野的开拓与能力的培养提供良好的教学资源和教学环境支撑。

基于慕课的大学英语混合式教学模式将慕课资源和线下教学结合，打破了传统教学模式单一的局限性，在一定程度上满足了学生个性化的学习需求，对其自主学习能力的培养具有良好的促进作用。教师在授课过程中要对课堂教学进行科学合理的设计，做好课前、课中、课后三个环节的衔接，引导学生利用优质资源主动学习，从而实现将课堂教学延伸到课外的知识拓展，有效地提高学生对语言的综合应用能力。总之，大学英语混合式教学模式具有连续性、承接性、实践性和科学性的特点，符合新时代英语教学改革的发展趋势。

三、隐性分层教学模式

隐性分层教学模式是指在大学班级内实施分层分组，由教师运用内部评判法，对学生的入学基础、兴趣爱好、心智特点和学习潜能等进行分析，将其分为好、中、差三个层次，把水平相当的学生安排在不同的小组进行学习。为了保护学生的隐私，分层结果不对外公布，只作为实施分类分层教学的依据。分层分类方式必须科学合理，如果处理不当则可能使学生产生"异类"的思想，从而挫伤他们的自尊心和自信心。

分层教学模式最早可以追溯至春秋时期孔子倡导的"因材施教"，"因材施教"是分层教学模式创立和发展的理论来源。隐性分层教学针对学生的个性、能力差异，采取不同的教学策略，量身定制不同的教学方案和任务，因材施教，避免学习好的学生无法满足学习需求，学习不好的学生理解不了的现象的出现。

多元智能理论由美国心理学家霍华德·加德纳首创。他认为，人与人的差别，主要在于人与人所具有的不同智能组合。[①]实施课堂教学，要注重挖掘学生的多重智力因素。隐性分层教学为该理论的推广奠定了基础，解决了当时教学模式下教与学的矛盾。笔者认为，知识需要学习者"不断实践、不断内化、知行合一"的主动建构。教师在分层教学中采用此方法，需要为学生创造良好的学习条件，最大限度地调动他们的主观能动性。在人才培养模式上，大学英语教学采用"分层教学、整体推进"的模式，这种模式可以满足不同层次的学习者对学习的需求。

（一）对学生进行整体分层

高质高效的分层教学的前提是对学生整体进行科学系统的分组分层。首先，可以根据学生的高考英语成绩与心理测试情况，将其分为好（A）、中（B）、差（C）三个层次。其次，任课教师在初步掌握本班学生的英语情况后，通过调查问卷的形式，对学生的自主学习状态进行

---

① 柳海民，于伟．现代教育原理[M]．北京：中央广播电视大学出版社，2002：171.

综合测评，再完成相应的分组分层。最后，综合上述两种情况，形成最终的分类、分层结果。A 类层次的学生语言基础较扎实，学习动机和目标较明确，具有较好的书面表达和口语表达能力；B 类层次的学生语言基础较弱，学习主动性不强，目标不够明确；C 类层次的学生语言基础非常差，缺乏必要的学习主动性和信心，基本的英语书面表述和口语表达能力较弱。同一小组内包括了不同层次的学生，既照顾了后进生的心理感受，有利于消除小组成员之间的鸿沟，又可以兼顾英语学习的"优势与弱势"群体的不同需求，不仅可以减轻后进生的自卑感，还便于学生相互取长补短，共同促进，共同提高。

（二）对教学目标进行分层

要实施好分层教学，还要对各类教学目标进行科学的顶层设计。在完成学生分类分层后，为满足不同层次学生的相应需求，教师应结合教学实际情况和培养方案进行相应的教学设计，制定不同层次的教学目标，如基础性、高标性教学目标。基础性目标对标全体学生，要求人人达标；高标性目标是对英语底子好，学习动机、目标明确的学生提出的具体要求，也是为各个层次的学生设定的教学总目标。对于 A 层学生，教师要加强他们的语言输入和输出两方面的专项训练，不断提高他们的英语语言技能和应用能力，使其达到大学英语四级水平，并具备持续提升的动能；对于 B 层学生，教师要培养他们的自主学习能力，提高他们听、说、读、写、译的语言能力，其结业时应具有英语应用能力考试 A 级或者大学英语三级水平；对于 C 层学生，教师应要求他们注重打基础，不断激发他们的学习兴趣和积极性，要求其依托教材，掌握词法、句法等基本知识点，使其结业时达到英语应用能力考试 B 级水平。

（三）对课程进行分层

对课程进行有效分层在隐性分层具体教学实践中较难实施，考验的是教师的创造力和处理实际问题的能力。教师要根据实际教学情况，综合运用"合—分—合"等策略，环环相扣，分合有致，真正做到因材施教。在讲授中，突破重点，分解难点，引导、调动不同层次的学生进行学习；课堂提问时，有针对性地提出问题，让每个层次的学生都形成沉浸式体验，让每个学生都具有平等的学习机会；进行专项语言技能训练时，学生层次不同，难度和完成时间也应有相应的调整。做到因人而异，以调动各层次学生的积极性。同时，根据学生的差异，引导学生掌握与其学习水平相适应的学习方法，对基础较好的学生要求以自主学习为主，并为其创造各种学习条件，鼓励其挑战权威；对基础较差的学生要强调多进行模仿性训练和学习，引导他们发现其中的学习规律，鼓励其举一反三，不断提高英语水平。

（四）对作业进行分层

作业的合理分层，对于巩固分层教学效果具有重要意义。学生作业一般分为课内、课外两种。课内作业要根据教学大纲和教学目标的具体要求进行设计和布置，全班统一安排，统一考核；课后作业则要根据不同层次学生的能力和水平进行分层设计，充分考虑他们的实际情况，做到作业难度和学术水平相适应，保证各类学生的求知效果和热情，从而落实分层教学目标。

（五）对辅导进行分层

辅导分层，即在教学过程中对不同层次的学生采用不同的辅导方法。对学困生进行一对一辅导，注重基础性和鼓励性教学，使学生增强学习的信心和主动性；对中等生则要多开展小组讨论，鼓励其相互取长补短，共同促进和提高，如让他们多参加"英语角"、英文歌曲演唱比赛等活动，培养其语言运用能力；对优等生要提供更多的学习资源，给予其更多的个别点拨，鼓励其多参加校内外各类英语竞赛，锻炼他们各方面的能力。

（六）对测试进行分层

大学英语教师要根据教学大纲和培养方案的具体要求，对测试环节和内容进行分层设计，形成全面、科学的考核和评价体系。具体来说，主要有两个方面。一是实行口试与笔试、课内与课外、开卷与闭卷、考勤与作业、知识与能力测验相结合的综合考核办法。考试成绩要综合学生的上述具体表现情况进行最终的评价和认定。二是要设计好考试题型和内容，根据不同层次学生的水平和能力，进行分层测试，做到考核、评价和反馈相统一。

（七）对评价进行分层

在分层教学具体实践中，教师可以经常运用"评价激励"的方式，多进行积极性评价，对各类学生进行纵向评价，强调今昔对比，重视他们的进步，弱化学生间的差异，保护和调动学生的学习积极性和主动性，强调所有学生的进步和提高。对于学习能力不足、目标不明确的学生，多进行过程性评价，及时肯定其取得的成绩，增强他们的自信心；对于中等生，要多引导、多鼓励，采用激励性评价，使其不断超越自我；对于优等生则采用竞争性评价，高标准、严要求，引导他们勇于挑战自我，不断超越自我。分类、分层评价能较好满足不同层次学生的学习特点和心理需求，使学生整体学习效果和能力得到有效提升。

四、智慧课堂教学模式

（一）建立多样化的资源库

在传统的英语课堂上，教科书所包含的学习内容非常有限，加上教师多采用传统的教学方法，使得英语教学不能满足学生的学习需求。英语作为一门开放性极强的学科，语法、词汇只是英语学科极小的一部分学习内容，要满足学生的学习需求，就要引入智慧课堂。根据学生的学习特点和学习兴趣，丰富英语学习资源库，引入更多的英美文学等相关知识，激发学生对英语的探究欲，培养学生的学习兴趣，在实际应用中提升学生的学习能力。在英语学习中，学生需要掌握的内容很多，尤其是在英语文化民俗方面，学生单纯依靠教师的口头教学或者课本上的知识，很难掌握丰富的英语知识，而智慧课堂以学习资源库为基础，利用在线学习平台进行英语教学，能够弥补传统英语教学的不足，从而全面提升英语学习效果。

（二）在课堂上进行有效互动

信息时代的到来，对教师的专业能力提出了更高的要求。智慧课堂是未来教学发展的重要方向，作为一名教师，为了更好地帮助学生进行学习，需要不断地提高自己的教学能力。对于智慧课堂的教师来说，要不断提升自己的信息化能力，充分利用人工智能系统，寻找适合学生的学习方法。在教学的过程中，教师既要引导学生合理利用丰富的在线学习资源，又要和学生进行有效的互动，并通过互动掌握学生对知识的接受情况和学生对课堂教学的意见，然后根据学生的反馈对课堂教学方法和教学内容进行及时的调整，以更好地满足学生的学习需求。同时，教师和学生在课堂上的有效互动，能够让学生获得展示自我的机会，使学生在课堂展示中建立学习的自信心，从而激发他们对英语学习的兴趣。

（三）丰富内容呈现形式

智慧课堂能够有效调动学生的学习兴趣，调节英语课堂的学习氛围，促进大学生英语学习目标的达成。教师对智慧课堂的认知有限，只有在重要的公开课中才会采用智慧课堂的教学方式，使得智慧课堂的推广速度较慢。这就需要教师做到以下几点：首先，教师要明确智慧课堂的优势，了解智慧课堂的发展趋势，主动接受智慧课堂的教学模式。其次，结合英语教学的实际和学生的学情，在推广的过程中先易后难，循序渐进，实现智慧课堂和传统教学的无缝对接，让智慧课堂真正被学生接受，以发挥其巨大的作用。在课堂内容的呈现上，教师可以运用多种手段，采用图片、音频、视频等多种形式呈现英语学习内容，将知识点更好地传递给学生，增强学生对知识点的印象。与传统的黑板板书相比，智慧课堂呈现内容的形式更加丰富多样，既能节约教师黑板板书的时间，又能加深学生的学习印象，从而取得更好的教学效果。最后，大学英语教学中还有很多教学模式有待探索和改进，这需要教师继续开拓与创新。

第三节　大学英语教学中的语言认识和语言教学

一、大学英语教学中的语言认识

（一）语言的含义

首先，语言是一种系统。语言并不是由众多语言材料随意堆砌而成的，也并不是杂乱无章的，因为任意堆砌材料无法完成有效交际。只有通过具有内在联系的各种规则来整理、支配语言，才能进行有效交际，而这种具有内在联系的各种规则便是一种系统。每个系统都包含许多既相对独立又相互联系的子项。众多子项组成了系统，系统又通过某种方式规范、约束、统摄子项。子项在大系统中也是一种系统，而这种有系统性质的子项又被称为子系统。不管是系统还是子系统，其内部的种种组成成分都受到规则的支配，且都存在内在联系。语言便是这么一个大系统，其中有众多子系统，如词汇系统、语音系统、语用系统、语法系统和文字系统等。

其次，语言是一种音义结合体，在本质上是口头的。书面语言的产生远远晚于口头语言，它最初只是以文字形式对口头语言进行记录。书面语言产生以后虽然也有自身的发展，逐渐形成了自己的特点，并且反过来反映口头语言，但是书面语言毕竟不能脱离口头语言。

语言表达要达到交际目的，就不但要讲究语言的正确性，而且要讲究语言的得体性。所谓语言的正确性，就是语言中的语音、语法结构等都符合语言规则；所谓语言的得体性，就是表达的内容和对语音形式、词汇、语法结构、应对方式等的选择都符合交际对象、交际目的和交际场合的特点。语言的正确性是由语言规则决定的，语言的得体性是由语用规则决定的。

（二）语言的特征

1. 语言的交际性

人类的交际工具不只是语言，旗语、电报代码、手势等都可以在某种范围内作为人们的交际工具，但语言服务的领域要广阔得多，生产领域、经济关系领域、政治领域、文化领域以及人们的社会生活、日常起居等无所不包。语言在交际过程中的作用不仅仅是交流思想，还能传递人们的感情。虽然人们的各种动作也可以做到这一点，甚至可以完全脱离语言达成一些交际任务，但是这些终究不是语言交际工具，能够表达的意义十分有限。而聋哑人使用的手语，主要是为了帮助失去听读能力和说话能力的聋哑人正常交际，是按照常人语言设计出的特殊语言。

英语教学可以从语言的交际性中得到重要启示。语言是非常重要的交际工具，而英语又是国际上非常重要的语言交际工具。同时，培养学生用英语进行交际的能力是英语教学的重要目标之一。因此，在编写教材和设计教学内容时，教师也要考虑到英语在交际上的作用，选择可以在日常生活里用到的话语和话题。

2. 语言的思维性

思维活动建立在语言基础之上，它的工具与媒介都是语言。因此，在实际英语教学当中，教师也要注重培养学生通过英语相互交流、表达思想的能力。教师可以指导学生在使用英语表达思想时，提前在脑海中用母语来描绘思想，之后再翻译为英语进行实际表达。学生在听英语的时候，也可以在脑中将英语翻译成母语，从而更容易理解。

3. 语言的有声性

有声性是语言外壳的有声实质。语言最本质的自然属性就是其有声性，语言的起点与终点是音义结合，语言的完美组合是音形义结合。人们通过将口腔发出的语音作为外壳来感受与运用语言，让语言变为可以被听到、可以被说出、可以被写下、可以被看见的语言。

口语主要有三个特点：一是及时性，即讲话是一句句连贯的，中间没有长时间的停顿；二是暂留性，即当人们听到连续语流时，一句话在记忆里停留的时间为7秒左右；三是临场性，即人们会根据情况做出反应，如赞同的事情会欢声笑语，遇到感兴趣的事情会热烈兴奋，遇到不在乎的事情会表情冷漠，遇到反对的事情会眉头紧皱，等等。除此之外，口语的结构比较简单，往往使用简短、省略式的语言。

4. 语言的任意性

第一，音义之间的结合具有任意性，也就是说，每一种语音形式表达出每个意义或内容，每个意义或内容用每一种语音形式表现出来，都是任意的。之所以当今世界上的语言种类有几千种之多，就是因为人们创造语言时选择了不一致的语音形式来表达意义或内容，不同的语言也就因此形成。语言并非自然的，它包含社会属性，因此语音形式与意义或内容之间完全是无法解释的、偶然的，并没有本质的、必然的联系。第二，语言当中的音义联系都是独特的。第三，不同的语言音义之间的联系是不对等的，不同的语言可能会存在相同的语音形式，但是其意义或内容往往是不同的；而相同的意义在不同的语言当中，用来表达的语音形式也可以是不同的。第四，同一种语言下的音义关系也会存在任意性，如汉语的各地方言里，某些事物在每种方言里的读音都不尽相同。方言之间的音义联系也并非完全一致。相同语言里各种方言中的语音差别，也体现出音义联系的任意性，否则，方言差别也就不会存在了。

5. 语言的情感性

语言拥有表达感情、传递思想的功能。人们在用语言交流时，往往也会伴随脸部表情、肢体动作等。语言交际活动处在动作、表情等非语言工具范围内：每一个动作或者表情都是为了让有声语言和表达情感的印象得到增强。非语言的交际方式主要有三种类型，分别为无声的静态、无声的动态以及有声但无固定语义的伴随语言。其中，无声的静态可以表达情感和语义，如人站立在一处，丝毫不动，可以表达出一种呆若木鸡的语义，以及害怕、悲哀、漠然、惊奇等情感；无声的动态则可以指用点头表示肯定、同意或满意的情感；而有声但无固定语义的伴随语言则主要是各种哼哼声或者笑声，如开心地傻笑、大笑、捂着嘴笑，或者哭笑、讥笑、狞笑、假笑等。

（三）语言的研究

1. 语言的内部研究

作为对语言的一项科学研究，语言学发展至今出现了许多分支，这也反映出语言学科已经走向成熟。语言中所有语法规则的总和便是该语言的语法。语法学主要研究连词成句等可以对语言行为进行制约的一系列规则。关于这项研究，每位研究者都可以有不同的出发点，主要分为以下几类：从研究对象时限出发，有同属一段时期的共时语法和贯穿多个时期的历时语法；从研究方法出发，有唯理主义语法和实证主义语法；从研究者教育目的出发，有教学用语法和语言学研究的语法；从研究者社会目的出发，有描写性语法和规定性语法；从研究语言范围出发，有语别语法和普遍语法。

语用学研究语言符号和语境信息互动产生的语用意义，是语言学不可分割的组成部分。首先，结构主义语言学，特别是它的描写学派，力求把研究的范围仅仅局限在语言单位间的形式关系方面，尽量不涉及意义，即"把意义排除在外"。起初是一般地涉及，后来语义分析日趋详尽，不但在词汇领域，而且在句法领域也跃居领先的地位。其次，在转换生成语法的语义学理论中，语句是跟虚拟的、抽象的语言使用者发生联系的，而现实中运用语言的人及其感情、相互关系、目的等则被排斥在分析之外。从 20 世纪 70 年代初期开始，"语用学"这一术语以及相关的概念便日益频繁地出现在不同学派语言学家的论著中。语用学的任务就在于揭示在特定场合下，说话者的言语条件是什么，说话的目的何在。

2. 语言的外部研究

心理语言学是研究语言活动的心理过程的学科，它涉及人类个体如何掌握和运用语言系统，如何在实际交往中使语言系统发挥作用，以及为了掌握和运用这个系统应具有什么知识和能力。从信息加工的观点来看，心理语言学是研究个体言语交往中的编码和译码过程。由于研究对象的特点，心理语言学与许多学科有密切的关系，除心理学和语言学外，还有信息论、人类学等，但在方法上，它主要采用实验心理学的方法。

社会语言学起源于 20 世纪 60 年代，是首先兴起于美国的一门边缘性学科。社会语言学是通过社会学和语言学等学科中的理论与方法，从多个社会科学角度分析研究语言社会本质与差异的学科。人们对这个定义有许多不同理解。其中一种理解认为社会语言学的研究内容主要包括 7 个方面，分别是平民语言学、听话者的身份、说话者的社会身份、社会方言的历时与共时研究、语言变异程度、会话场景和社会语言学的应用。这种研究角度将语言的历时、共时以及语境作为其主要视角，而"语言变异"是它的重点。事实上，变异也是社会语言学自身的立足点。

社会语言学现在已取得了一些明显的进展。随着 20 世纪 60 年代以后语言学家对语言异质性认识的加深，社会语言学又发展出交际民族志学、跨文化交际、交际社会语言学、语言社会化和语言习得、会话分析、语言变异研究等学派。

（四）语言学习理论

1. 学习语言和习得语言

近年来，对于人们如何成为语言运用者的研究主要集中在区别学习语言和习得语言这两个概念上。克拉申认为习得与学习是两种不同的语言发展方式，它们在获得与贮存等方面存在着很大的差别，具体表现为习得是在自然运用语言的过程中发生的，是一种潜意识的、直觉的过程；学习是在有意识地学习语言形式特征时发生的，是一个有意识的过程。习得的知识贮存在大脑左半球的语言区，它用于语言的自动加工；学习的知识本质上是一种元语言的知识，它也贮存在大脑左半球，但不一定在语言区，且只能用于有意识的语言加工。

2. 任务型学习

很多教学方法研究者往往并不重视语言输入的性质，而是将重点放在鼓励学生参与学习任务上。他们相信只有在语境里，学习者才能更好地学习语言，而专门学习语法知识的作用并不大，即只有拥有语言体验才能更好地掌握知识和技能。因此，这种方法下的学生不需要按部就班地学习语法，但需要主动使用目的语参与交流活动。学生之间的交流越多，语言的运用能力就会越强。

任务型学习往往为双边或多边交互式活动。学生在活动中学习到的语言也是用来交际的工具，因此可以直观感受到知识与技能在交际活动里体现出的作用和价值，进而增强学生学习的主动性和积极性。

（1）阅读准备阶段。这个阶段需要借助活动将学生脑中已经掌握的知识激活，为之后的阅读提前做好准备。这个步骤与我们常说的导入十分类似，但差别就在于教师不再像过去一样是背景知识的介绍者，而是任务的提出者和活动的组织者，并且是激活学生已掌握知识的引导者与帮助者。

（2）阅读理解阶段。这一步骤是由学生自主完成的。教师的作用是对学生的阅读过程进行控制，以及对任务的完成情况进行评价。学生的阅读活动一般分两个步骤进行——速读和精读。教师通过阅读问题来引导学生有目的地完成速读和精读，并通过学生的回答来检测学生的阅读效果。

（3）语篇分析阶段。这里所指的语篇分析并非语法以及词汇的讲解，而是在教师的引导下，学生结合阅读材料的语篇内容和语篇结构，整体把握、深入理解语篇并建立相应图式。这一环节的活动多为小组活动，学生通过合作画课文的结构图来建立清晰的关于课文的图式。

（4）课文巩固深入阶段。这一环节容易与我们过去所说的操练混淆，不同的是，操练强调的是语言的形式，无现实意义，而任务型课堂中为了巩固所学知识所进行的活动，侧重语言的意义，且有现实场景。

（5）课文学习的延伸阶段。学生阅读的目的是获取信息，也是为更广泛的交流提供保障。而在课堂上为学生提供一个进行更广泛交流的机会和环境，可以使学生产生进一步阅读相关内容的兴趣。在全班范围内交流，大家可以共同分享成果。

二、大学英语教学中的语言教学

（一）大学英语阅读教学

1. 英语阅读教学综述

语言教学始于中世纪末的英国，但是外语教学的真正开始应该从 18 世纪算起，所采用的方法是语法翻译教学法，而当时外语教学的目的是阅读与翻译希腊语和拉丁语的典籍。因此，阅读教学伴随着外语教学的始终。语法翻译教学法以书面语为教学材料，主要通过词汇的学习、语法的掌握、句子结构的分析以及翻译活动来培养学生的阅读能力，这对后来的英语教学产生了深远的影响。在 20 世纪 60 年代中期以前，指导外语阅读教学的理论主要源于传统的语文教学。这种理论认为，外语阅读在弄懂词汇的基础上就自然达到了理解的目的。这种理论片面地强调了词汇在阅读理解中的作用，忽视了阅读过程中其他因素的作用，从而使读者拘泥于词句的理解，被动地参与阅读教学。

奥苏贝尔（Ausubel）认为，文本知识为读者提供了一种获得某种含义的途径，而读者的认知结构决定了其最终是否可以理解文本。认知结构是指读者的背景知识状况，即读者对文本所涉及的知识的了解程度。因此，要改善读者的理解能力，可以从改善读者的背景知识出发。背景知识和语言知识一样重要，两者在阅读过程中关系紧密，相辅相成，不可分割。阅读理论的研究在这之后也是不断深入，并对阅读的心理机制和受到该机制影响的信息传递和处理过程愈加重视，而且借助对阅读行为进行的分析将阅读能力构成成分展示出来。相关研究结果显示，阅读过程并非单纯的信息传递以及读者被动接收信息的过程，而是读者持续不断地解码、加工和处理视觉信息的过程，与读者的认知能力、预测机制以及语篇分析能力息息相关。理论研究者提出了各种阅读模式，用来解释阅读过程，如自下而上模式、自上而下模式、基于图式理论的交互模式等，这些阅读模式为阅读策略研究以及阅读教学提供了坚实的理论基础。

2. 阅读教学中的语篇分析与语篇理解的模式

（1）语篇分析。

①衔接。衔接是语篇分析的重要内容，是指通过语法和词汇手段把语篇中的句子或较长的语段的意义紧密联系的现象。英语语篇中的主要衔接手段有以下四种。

参照。有些语言单位本身不能做出语义解释，需要参照另外的一些单位才能明确它们的意义，这些单位之间就构成参照的关系。从所使用的语言手段来看，参照包括人称、指示和比较三种方式。

替代和省略。一个单位代替另一个单位，就构成替代关系。有些单位被省略，就出现省略关系。替代和省略除了加强语言的结构联系外，还可以使语言富有变化、不枯燥、简洁活泼。

连接。连接成分的衔接作用是间接的，它们本身不能直接影响上一句或者下一句的结构，但是它的具体意义表明必须有其他句子的存在。

连接成分表达的是语义上的关系，而不是语法关系。

词汇照应。词汇照应是指通过词汇的选择而产生的照应关系。词汇照应手段主要有重申和搭配两种。重申有重复、同义词或近义词、上下义词、概括词四种形式。

②连贯。连贯是指语篇中的语义关联。连贯存在于语篇的底层，通过逻辑推理来达到语义的连接，是一个把语篇联系起来的无形网络。一个语篇往往有一个主题，其中的所有内容都是围绕这一主题展开的，从而通过语义的关联构成一个连贯的语篇。

③语篇的结构。由于语篇的交际功能、语篇的主题和内容、文章的体裁、作者的风格等方面的差异，语篇的结构也多种多样，但是同一类型的语篇会呈现出基本相同的结构。较长的语篇通常都有开头、中间、结尾等部分。在一个语篇的内部，所有的句子都是以线性的方式依次排列起来的，但是句子之间都通过不同的关系结构连接起来。这些关系结构主要包括顺序、层次、连环和平衡。

（2）语篇理解的模式。

①自下而上模式。自下而上模式起源于 19 世纪，通过信息加工理论对阅读过程进行阐述，是文本驱动型的模式。在这个模式下，读者要想理解一个语篇，就需要提前掌握好低级或者基础的语言知识。这种自下而上模式让传统的阅读教学遵循从词汇、句子再到语篇的次序，从简到繁、从低到高的顺序线性地处理信息。教师在该模式下的任务主要是帮助学生解决语言知识上的问题。

②自上而下模式。自上而下模式起源于 20 世纪 60 年代，是受到认知心理学的影响而产生并发展的。它要求读者必须提前对语篇里的语法结构进行分析，通过其语言知识与语义概念获取语篇结构里的意义，所以语篇必须由具有健全功能的语言表达出来，且必须包含意义。之后，读者需要在书面符号里抽样，从而证实其预测。抽样的信息主要包含语法、语义和字形、读音。其中，语法和语义需要读者的语言能力，而字形、读音信息来自书面符号。在抽样过程中，读者并不需要看清所有字

母和单词。

自上而下的模式有很多不同的变化。从总体而言，它们的特点可以归纳为以下几点：认为阅读是一种主动在读物中寻找意义的思考过程；强调读者已掌握的知识与技能在理解中的作用；认为阅读是有目的性与选择性的，读者只专注于实现他们目的必不可少的方面；认为阅读有预见性，已掌握知识与对理解的期望以及阅读目的之间相互作用，使读者能预见读物的内容。

③基于图式理论的交互模式。图式理论认为，"阅读图式"可以分为语言图式、内容图式和形式图式三种。语言图式是读者已掌握的语言知识以及运用语言的能力，指读者已有的语言知识，即语音、词汇和语法等方面的知识。内容图式指学习者对文章内容的熟悉程度。一般来说，读者的背景知识越丰富，就越能将更多的注意力集中在高级阶段的信息处理和提出假设上，从而更好地理解文章。充足的背景知识甚至可以对较低的语言水平产生一种补偿效应，也就是说，背景知识可以在一定程度上弥补语言水平的不足，以保证读者顺利阅读文章。形式图式指读者对语篇结构的熟悉程度，即我们通常所说的语篇知识。

图式具有多种类型，每个人的脑海中也储存着各式各样的图式。图式在面对具体问题时会发挥作用并解决问题。在文章提供的信息无法和读者心理图式吻合时，自下而上的材料驱动就会发挥作用，会协助读者借助已有知识选择出一个比较合理的解释。同时，这两种具有相互补充作用的运作可以为读者的阅读理解提供很大的帮助。在阅读教学中，教师应该引导学生运用已有图式知识来掌握和吸收新的内容，丰富自身图式结构，从而提升学生的阅读能力和理解能力。

（二）大学英语听力教学

1. 英语听力教学综述

人们对于听力教学态度的转变在很大程度上是因为输入输出假说。该假说认为，第二语言的习得有赖于大量的语言输入信息。也就是说，没有足够的语言输入，学习者是不可能有语言输出的。在自下而上的处理模式中，听是一个线性的数据处理过程，理解的程度取决于听者是否成功地对所听到的口语材料进行解码。与此同时，会话分析以及语篇分析的研究成果也对听力教学产生了一定的影响。通过这些研究，人们对口语语篇的结构有了一定的了解，并意识到单靠把书面语篇朗读出来不能给学生提供合适的听力材料，听力教学必须向学习者提供适合他们需要和水平的真实的口语材料，因此真实性成为选择听力材料的一个重要标准。

2. 听的心理过程

在听、说、读、写四项技能里，听也被称为"接受性技能"，但是听并不是一个被动接受的过程。在实际情况中，听往往是一个主动积极的信息处理过程。心理语言学的研究曾发现，听的过程和人的记忆之间有十分密切的联系。人的记忆有感知记忆和短时记忆等类型。其中，当外部信息被感觉器官感受到后，短暂保持了其输入原样，是感知记忆；而信息在呈现后保持在一秒内的记忆是短时记忆，也称工作记忆。这两种记忆方式存在许多差异，感知记忆是没有经过加工的记忆，而短时记忆则是正在加工、可操作、活动的记忆。短时记忆的信息主要源于感知记忆和长时记忆。当人们需要运用到某些知识或规则时，会在长时记忆里提取出信息，而这些信息必须回溯成短时记忆，才能被人意识到并加以利用。

听的心理过程具有三个主要特点。①听是一个积极的过程。在听的过程中，听者并不是被动地接收信息，而是通过积极调动大脑中已有的语言知识和背景知识进行积极主动的识别、分析和综合，来理解说话者所传达的信息和意图。②听是一个创造性的过程。语义并不是现成地存在于语言材料之中的，相反，不同的听话者对于同一个单词或句子可能会有不同的理解。③听是一个互动的过程。作为语言交际的一个重要方面，听力理解涉及说话者和听话者双方。从某种意义上讲，听力理解是交际双方在相互作用中磋商意义的过程，特别是在面对面的语言交际中，说话者可以通过听话者的面部表情和身势语来判断听话者是否理解自己的语义，并以此来调整自己的语言。

3. 影响听力的因素

（1）语言本身的因素。扎实的语音知识是听力理解的基础。在英语中，有些语音对于中国学生来说是比较陌生而且是难以区分的，尤其是某些元音。同时，某些辅音簇中的某个辅音往往会被省略或同化掉。当然，口语的理解并不完全依赖于对于相似的语音的区分，在许多情况下，上下文的意思可以提供足够的信息帮助听者辨别语音。

听力能力取决于学习者是否掌握了足量的可感知词汇。外语学习者在进行听力测试时，经常会因为语音中的生词而产生思维的暂停，他们会将注意力转移到思考生词的意思上，因此错过了其他内容。除此之外，学习者掌握的词义太过狭窄也是一种词汇量不足的体现，而不了解一个词语的多种语义，很容易导致听者对语句的含义产生误解。

（2）语言背景知识。听者想要获取正确的信息，还需要具有扎实的语言背景知识。在图式理论中，听的过程是指听者通过脑海里储存的各种文化背景知识来加工和整理新信息的过程。听者想要获取新知识，必须选择、整理和分析其获取的信息。听者一般会在听的过程中根据图式以及听到的内容对之前做出的预测进行验证，并将其中部分细节补充完整。处理的难度取决于新信息的数量，而听者已经掌握的信息越多，就越容易理解听到的新信息。

（3）分析综合能力。听是一种接受性的语言技能。在听力训练的过程中，听者无法控制所听到的材料的难度、速度、语调和节奏。这些客观因素有可能会对听者造成一定的心理压力。而且，在听力课上，学生的心理活动容易处于一种抑制的状态，思维变得迟钝，不易发挥主动性和积极性。

4. 会话含义

会话含义就是我们通常所说的"言外之意"。在交际中，只有正确捕捉这些言外之意才能真正理解说话者的意图。因此，理解会话含义是听力教学的重要组成部分。

5. 英语听力课堂教学

（1）听力策略的培养。听力策略是加强听力理解和回忆所听内容的技巧或者活动。听力策略可根据处理信息输入的不同方法来分类，主要包括自上而下和自下而上两种。自上而下的方法以听者为出发点，要求听者要了解话题所涉及的背景、上下文内容、文章的类型和语言。他们能够确定在特定的语言环境中使用哪种听力策略最有效，能够检查他们的听力理解是否准确、所选择的技巧是否有效，并且通过是否达到了听力理解的目标、是否在听的过程中选择了有效的听力技巧来评估他们的听力行为。

（2）英语听力教学的阶段。英语听力教学主要有三个阶段。首先是听前阶段，教师在此阶段需要确定一些问题，即听力材料的内容以及听的目的，是否需要补充语言知识或背景知识，采取什么方式进行听力训练，要自上而下还是自下而上地进行，等等。这些问题可以帮助学生做好训练听力的准备，让学生了解相关背景知识、预测可能听到的内容等，帮助学生更快地进入听的状态。其次是听中阶段，教师在此阶段一般不需要进行干预，只需要维持良好的听力环境。最后是听后阶段，该阶段主要指学生在完成听力测试后从听力材料出发展开的各种活动的时间段。大部分的听后活动其实就是听前和听中活动的拓展延伸，也有小部分活动和前面的活动关系不是很大。

（3）听力考试应对策略。英语听力和口译能力的提高不是一朝一夕的事，而是一个循序渐进的过程，是一个艰难而漫长的过程，不能一蹴而就。学生要多听多练，拓宽渠道，扩大知识面，加强基本功训练。同时，学生在学习中要注意听力技巧的培养和运用，只有掌握了听力技巧，并将其付诸实践，听的能力才会有质的飞跃。

（三）大学英语写作教学

1. 英语写作教学的特殊性及写作过程

（1）写作的特殊性。写和说都属于产出型的技能，但是两者之间也不能对等。首先，会用英语说不一定就会写，因为写作并非简单地将我们说的话落在纸上，同时学生写作能力的提高不能通过其他语言能力的提高而自然而然地获得。其次，从语言神经生理基础来看，写作也有别于其他的语言技能。因此，写作教学要求有自己独特的活动形式。最后，从写作的过程来看，写作具有自身的特点。在语言的四项技能之中，说和写属于产出型技能，而听和读属于接受型技能。写作没有面部表情、肢体动作以及语音方面的辅助，也没有即时的反馈，因此，只能借助文字和符号来表达思想。

（2）写作的过程。表达主义者把写作视为"与写作结果同样重要的发现真正自我的创造性活动"，因此写作教学应该个性化，要帮助学生发现自我，真正地表达自己的内心情感与思想。根据认知主义的思想，过程教学法重在开发学生内在的心理过程，尤其是写作过程中的认知与元认知策略，其教学包括写前准备、撰写草稿、修改、合作写作、反馈、反馈后的修改和定稿等阶段。

写作是读者与作者的交际过程，涉及信息的产生、处理以及传递，是一个十分复杂的感知过程。如果想要在写作过程中完成上述交际过程需要注意两个关键因素：一是要给学生足够的构思时间，二是要及时获得读者的信息反馈，从而方便修改和完善内容。

2. 英语写作教学方法

（1）结果教学法。早期的英语写作教学理论主要来自经典的修辞学研究；直到20世纪60年代，英语写作教学的注意力才集中在文学作品的理解与分析上，其目的在于通过这些分析使学生掌握各种文体的特征和写作方法，从而能够模仿并写出自己的作品。这种写作教学方法被称为结果教学法。结果教学法的一般过程为，教师首先就某一修辞手法进行解释，然后要求学生阅读一个作品，接着教师会根据前面解释的修辞手法和阅读的作品给学生指定写作作业。结果教学法被用于第二语言或者外语写作的教学之中，其重点也在写作，强调语言的正确性、作文的结构和质量。

（2）过程教学法。写作的过程教学法开始于 20 世纪 60 年代美国的第一语言教学，它是在发生认识论、信息论、控制论以及各种语言理论和教学法的影响下形成的一种写作教学方法。在理论上，过程教学法强调思维在写作活动中的重要意义，强调作者的主体意识和能动作用。在实践中，它改变了以往写作教学片面强调语法结构、修辞手法和机械模仿的倾向，把实际交际能力和智能的培养放到首位，因而它强调的是写作过程，提倡学习者的合作。在认知理论的影响下，过程教学法把写作视为一个发现、适应、同化的认知过程，因而强调学生独立思考、收集材料、组织材料，对材料加以内化，并从中发现规律、掌握原理，从而使学生能够创造性地运用语言知识，写出好的文章。

第四节　大学英语教育评价体系重构

一、建立多元性教学评价体系

在大学英语教学传统的评价体系中，教师以考试成绩的好坏来评价学生的能力高低。如果考试成绩不够理想，教师不对其进行鼓励，容易使学生产生消极的学习情绪，甚至产生自暴自弃的想法。这种自暴自弃的想法导致学生不喜欢学习英语，因而直接影响学习成绩，引发恶性循环。这种不完善的教学评价体系无法全面反映学生的真实学习效果。所以，构建一个完善的、多元性的教学评价体系是必不可少的重要工作。一个完善的教学评价体系，不仅注重学生对于所学知识的掌握，还能够重点评价学生对英语跨文化交际能力的认知，进而通过多元性教学评价体系对学生的综合性学习进行了解与评价。多元化教学评价体系应该在传统教师评价的基础上增加学生的自我评价以及学生之间的相互评价，从而促进学生之间的团结以及师生间的互动。学生的自我评价以及学生之间的相互评价，可以弥补教师评价的不足，使学生充分了解自己在学习中的误区，从而及时做出调整。教师评价与学生自我评价的有机结合，能从真正意义上体现大学英语教学体系的多元性。大学英语教学的多元化评价体系应该充分结合实际情况进行调整，要以学生英语跨文化交际能力的发展作为基本理念，从而达到对学生英语跨文化交际能力的有效评价。

二、建立多样性评价方式

在大学英语教学体系中引入多样、丰富的评价体系，可以引导学生树立正确的价值观念，提升其英语跨文化交际的专业水平。而一个完善的教学评价体系并不是由单一的评价方式构成的，而是由形成性评价方式、终结性评价方式等众多评价方式结合而成的。教师可以通过关注和评价学生在跨文化课堂里的表现，或者借助课堂测试、问卷调查等形式来评价学生，让传统的终结性评价逐步变为形成性评价，从而更深入地了解学生的学习情况、知识掌握情况，以便及时调整教学进度和教学方法。教师还可以通过座谈会的形式来增加与学生之间的交流和沟通，并根据学生的实际情况制定学习目标，引导学生走出学习误区，而多种多样的评价方式可以帮助教师更加了解学生，从而做出正确、有效的教学评价。对于重新构建大学英语教学评价体系而言，体现评价体系的本质、更好地探索学生的学习走向、做出更加真实的评价才是重构教学体系的初衷。增加多样化的教学评价方式有助于进一步帮助学生了解自身不足，同时认识自身优点，进而加强学生学习的自信心。只有弄清楚重构大学英语教学体系的基本出发点，才能够更好地对重构教学体系提出具有宝贵价值的建议，才能更快速地建立起多样化的教学评价体系。只有充分了解大学英语课程的教学特点，才能更加科学合理地进行正确的价值判断。

三、增加教学评价主体

就评价对象而言，传统的课堂教学评价体系只能够体现出课堂的教学质量以及教师的教学态度等方面，不能全面地对教师以及学生进行准确的评定，而只有全面地反映出课堂教学的质量与效果，才能实现重构大学英语教学体系的长远目标。只有足够完善的教学评价体系，才能够使评定的结果更加接近课堂教学的真实情况。为了激发学生在英语跨文化交际能力方面的潜能，多元化评价要以学生个人进步情况为标准，根据其自身情况进行评定。教师在进行评价时，对英语教学内容应该从多方面评定，从而达到综合、整体评价的主要目的。教学评价体系能够为大学英语教育指明方向，能培养学生运用英语进行跨文化交际的意识，并能使教师更快地从传统英语教学理念中走出来。要想重构大学英语教学的评价体系，就必须坚持多元化的评价标准，因为它可以为大学英语教学体系的重构奠定坚实的基础。学生进行定期的自我总结，并完成总结报告，借此对自身的学习情况进行回顾；教师则在此基础上从教学视角给予补充和完善，引导学生更加正确地认识自己和评价自己。这种多元化的评价体系可以让学生更清晰地了解自己对跨文化交际知识的掌握情况，也可以体现出学生的学习态度和自信心。除此之外，教育部门也对重构英语教学评价体系起着重要作用，可以帮助教师更深刻地理解多元化教学体系存在的意义，协助其制定出完整的大学英语教学评价体系，并加以落实。为了让跨文化交际教学得以真正实施，我们必须制定出需要严格遵守的教学评价体系，这既可以提升教师的责任感，又可以提高学生的重视度。

第三章　大学英语教学改革综述

第一节　大学英语教学改革的目的与实现策略

近年来，越来越多的人开始关注和重视大学英语教学改革，这主要有两方面的原因：第一，大学英语教学的重要性。无论是在跨文化人才培养方面，还是对国家的发展而言，大学英语教学都具有十分重要的意义和影响。第二，大学英语教学对社会发展的不适应性。当前，大学英语教学已经不适应社会的飞速发展，学生的发展需求无法得到满足，随着时代的发展，这一情况日益加剧。因此，越来越多的人提出了改革英语教学的建议，且改革的呼声一直在持续。本节将先探讨大学英语教学改革的目的，从而提出相应的改革策略。

一、大学英语教学改革的目的

大学英语教学改革的目的是什么？人们已经对教学改革的必要性达成共识，接下来，便应该思考大学英语教学改革的目的问题。下面我们对大学英语教学改革的目的进行分析。

《国家中长期教育改革和发展规划纲要（2010—2020年）》指出，中国高等教育的人才培养目标是"培养大批具有国际视野、通晓国际规则、能够参与国际事务与国际竞争的国际化人才"。因此，大学英语教学改革的首要目标就是提高高等教育人才的培养质量，使中国的高等教育实现国际化。所谓"国际化"，包括课程的国际化、师资的国际化和学生的国际化。这一目标的提出与我国的国情密切相关。随着经济的全球化，教育的国际化步伐也在逐渐加快，我国正致力于建设人力资源强国，在这个关键的转型时期，需要教育提供强大的推动力。

同时，大学英语教学改革要为大学生的个体发展服务，当今社会对具有创新能力的高素质的国际化人才的需求剧增，英语运用能力已成为学生综合能力的重要组成部分，学生要成为社会需要的高素质人才，英语运用能力的培养就至关重要。因此，只有进行大学英语教学改革，提高学生的英语运用能力，才能不断适应社会发展的需要和学生个体发展的需要。赵光慧和张杰在《大学英语教学改革：个性化、学科化、中国化》一文中，从不同的角度对大学英语教学改革的目的进行了详细的分析。①文章指出，当前中国高校英语教学改革的首要目的便是实现"个性化"教学，避免"趋同化"。我们应充分发挥大学英语教学的引领作用，最终实现社会交往中的"学科化"。此外，大学英语教学只有立足"中国化"，才能实现"国际化"。下面，我们对此进行详细阐释。

（一）个性化

个性化是避免英语教学陷入"趋同化"的有效手段。英语教育教学中的趋同化主要是指有些普通高校完全按照教育部所制订的评级体系、管理制度和培养方案开展大学英语教学，各个普通高校的大学英语课程教材大部分也出自高等教育出版社、外语教学与研究出版社、上海外语教育出版社和其他几家出版社。虽然学生群体的层次不同，高校之间存在差异，但是教材的设计和编撰没有体现出"个性化"。"趋同化"的教学体制导致以"教"为主而不是以"学"为主的教学模式。总的来说，当前这种"趋同化"的现象与我国的教育体制有着紧密的联系。虽然"以生为本"的呼声在最近几年呈现逐年变高的趋势，但在实际的教学活动中实现还是有一定难度的。

"个性化"的教学要求有灵活变化的动态培养方案，即教学方案可以根据不同的学生、学生的不同表现随时进行调整，让方案去适应学生，而不是让学生适应方案。教育行政部门制订的统一培养方案只具有宏观指导的作用，各个学校可以根据自身的实际情况和学生的层次与水平调整方案和学制，学生也可以对培养方案提出合理建议，使"教"与

---

① 赵光慧，张杰.大学英语教学改革：个性化、学科化、中国化[J].外语与外语教学，2013（6）：58—61.

"学"之间实现相互促进。此外，高校还可以尝试推广分层次大学英语教学。

（二）学科化

我国当前的大学英语教学主要是围绕学习语言知识，掌握语言技能展开的，并且受社会发展的影响，大学英语教学的重心逐渐转向以实用为目的的教学，即由"学"转向"用"，在"用"中"学"，通过一系列的语言实践，提升学生的语言能力。

就社会行动而言，大学英语教学"学科化"是十分必要的。所谓大学英语教学的"学科化"，并不是英语与专业知识的简单相加，而是两者之间的有效融合，是集实际运用、英语表达、学科趣味、学术思维于一体的。大学英语教学"学科化"的有效途径之一就是在普通高校开设以学科为中心的大学英语博雅课程。这样，学生不仅可以了解与英语学科相关的知识以及英语学科发展状况，还可以接触相关的学术刊物，甚至能得到出国方面留学的帮助。

大学英语教学改革的最终目的是走出"外语圈"，改变大学英语教学从属地位，发挥其引领作用。各高校要在满足学生个性发展要求的基础上，开展多层次、立体式的大学英语教学，有效提高学生的英语应用能力和学科研究能力。在逐步提高学生的基本英语技能的同时，逐渐深化其专业英语知识和技能，从而提高其综合英语运用能力，提升其综合素质。

（三）中国化

在传统的大学英语教学中，我们往往是尽量避免中国式思考方式，站在西方的思维上学习英语，无论是教材、课程安排、外籍老师等，我们都尽可能地采用西方的方式，我们坚持"引进来"，把教师、书籍、学习环境、教学模式引进来，我们"送出去"，指的是把老师送到外国进行培训。我们没有想过，我们在"送出去"的同时，可以把我们的中国文化，传统精髓传播到世界，让我们的文化和西方的文化在碰撞中擦出更大的火花，让我们在更加深入了解我国文化时，也能把我们的中国文化推向世界，推向更大的舞台。在进行英语教学时，我们要改变思维，我们学习英语，不是不能超过英语国家的学者，我们可以，我们要努力树立学习英语的意识，我们要为中国服务，立足"中国化"，不断地在学习过程中，把我们的文化传播出去，推向世界。我们是中国人，我们有着优秀的文化底蕴，有着 5000 年文明史，我们的语言丰富，博大精深，我们有着独特的视角，有着独特的思维方式，这些都是我们在学习英语时能够使我们成功的优势，成为超越英语国家学者的优势。学习英语，应立足"中国化"。

（四）国际化

大学英语教学国际化，其实就是说在全球一体化的背景下，为了更好地走出中国，面向世界，我们需要进行国际化教育，增强学生们的英语能力，加强国际教育之间的交流与合作，培养一些具有国际交际能力、国际意识的人才，从而推动我国教育的发展，并通过教育的发展来促进政治、经济、科技和文化的发展。因为在新的时代，教育的发展也出现了一些新的特征，这就导致我国的高校英语教学也需要顺应这种国际化的趋势。

我国大学英语教学目标指向通用英语教学，而这种教学旨在帮助学生掌握一般的语言技能，而以往的大学英语教学仅仅把英语作为一门课程，只重视学生英语基础知识的教学。但是随着经济全球化，人们对英语提出了更高的要求，学校需要培养一批具有国际视野，能够运用英语参与国际事务和国际竞争的国际化人才，这就需要进行更深层次的大学英语教学。大学英语教学应该是以国际化课程为导向的学术英语，这需要学生进行专业化的英语学习。另外，学生们要掌握英语基础知识，设置一些听、说、读、写、翻译的英语课程。教学中可以开展一些法律英语、计算机英语等课程，这些课程的开展可以让学生了解国外的社会发展和学科发展情况，也能够为学术交流中的跨文化交流打好基础。大学英语选修课程则是学生们可以根据自己的兴趣爱好去选修的一些课程，这可以保证学生们的需求得到最大程度的满足。同时，需要运用一些先进的教学手段，给各大高校提供一些先进的英语教学设备，如多媒体教室。教师们的教学水平也要得到相应的提升，很多学校虽然配备了多媒体教室，但是教师们的计算机操作水平不高，导致在大学英语教学当中没有合理地运用网络资源。网络多媒体技术在大学英语教学当中的运用，可以增加大学英语的教学内容，扩大每节课的知识容量，还能够增强英语教学的趣味性，以及发挥学生在英语学习当中的主动性。高等教育国际化是如今高等教育改革的重点方向，大学英语的国际化进程也在逐步开展，通过国际化的目标定位、个性化的课程设置、针对性的教材编写、创新化的教学方式、健全化的教学评价等方式对英语进行高等教育国际化改革，能够增强学生的英语运用能力，提高大学英语的教学质量，为社会培养出更多的国际型人才。

二、实现大学英语教学改革目的的策略

大学英语教学改革是符合社会发展需要而开展的，教育者之间都能够达成共识，但是在认识层面上还存在一些问题，直接影响着大学英语教学改革的目标定位。目前经济发展全球化，带动着教育发展国际化，培养高等教育人才显得尤为重要，高等教育也成为人力资源储备的重点。因此，大学教育改革的首要目的就是为高校向社会输送高质量的国际化人才而提供服务，而英语作为国际通用语言，进行英语教育改革有着非常重要的作用。另外，大学英语教育改革还要服务于大学生个体的发展，随着素质教育的普及，提高英语教育质量能够促进大学生个体素质的发展，掌握并且能够应用英语已经成为高素质人才的必备条件。

改革开放以来，社会经济得到不断发展，众多行业都受到经济全球化的影响，国际贸易越来越频繁。在此过程中，英语所发挥的作用越来

越大。同时由于受到经济全球化的影响，英语所发挥的作用不仅仅局限于人际交流和翻译等行业，英语的应用能力对综合性人才的考核具有重要作用，所以在高校教育过程中，要注重对学生英语技能的培养，将学生培养成高素质的英语应用技能型人才对当代高校教育改革有重要作用。大学英语教学改革策略主要有以下几种。

（一）开创多元化社会实践交流平台

开创多元化社会实践交流平台是实现大学英语教学改革目的的有效策略之一。只有真正运用英语，才能对英语有透彻、深入的了解。在特定的工作环境下或相关的岗位上，学生才能获得实际训练和操作的机会。在实际操作中，学生不断地接触担任各类职务的人员，有效处理工作中遇到的各种问题，就能够对自己内心真正的需求有所了解，同时了解市场发展和变化的方向，从而在根本上提升自己的专业素养和英语交流能力。纵观当代大学英语教学的改革现状可以发现，有些高校并没有为学生搭建广阔的社会实践交流平台，仍局限于传统的英语教学方式，如简单的情境演练和课堂讲解。另外，课堂教学将重点放在理论知识的讲解上，而往往忽视实践训练，学生的英语应用和交际能力无法得到有效培养，这一问题亟需解决。

因此，为了实现大学英语教学改革的目的，一些有能力和有条件的高校可以考虑与相关企业建立长期有效的合作关系，共同构建广阔的社会实践交流平台，使学生在实际操练中领略英语学习的真谛。

（二）革新传统的测评模式

对现有的测评模式进行灵活的调整也是实现大学英语教学改革目的的有效策略之一。学校通过设置不同的语境考核单，在为学生的自我素养水平客观细致化的鉴定提供依据的同时，也为日后教学改革侧重点的人性化改变提供了参考。教师要积极灵活地依照英语课程和市场环境等多种因素的变化情况，对传统的测评模式实施路径进行革新，真正发挥出测评的功效，为之后形成良好的教学循环提供保障。另外，大学英语教学"学科化"的有效途径之一就是在普通高校开设以学科为中心的大学英语博雅课程。

（三）树立人才培养目标

学校根据自身定位，正确树立人才培养目标，对"基础英语""学术英语""专门用途英语"进行合理定位。同时不同的学校对应不同的英语教育体制。合理结合教与学使学生更好地掌握英语知识，从而解决学生在语言上的沟通问题。大学英语教学改革涉及方方面面，是一项长期而又复杂的工程，应该分层次，分类别地进行研究，从而实现学校改革的个性化和自主化。

（四）健全英语考核与评价机制

大学英语改革过程中，英语教师在英语考核评价机制中应起到主导作用，不能沿用传统的英语笔试成绩加出勤率作为考核标准，这样具有片面性的考核标准无法全面地展示学生的学习情况。改革后的标准要求教师将学生平时的课堂表现作为重要的参考依据，例如为了提升学生英语综合运用能力所设置的教学活动，其中就包括考试题型改变后学生的考试水平，以及口语测试中学生的临场发挥能力。在考核与评价这一过程中，除了考核学生的出勤率和课堂表现，还应积极调动学生的学习积极性，同时给予适当的帮助，鼓励学生勇于开口说英语。例如，在每一次的情境对话结束后，小组之间除了互相评价，小组个人也应该进行自我评价，多角度、多方面、多层次地去剖析问题，进一步了解自身哪些地方存在不足，及时地对自己的学习计划做出合理的调整。

第二节 大学英语教学改革的原则与理论依据

一、大学英语教学改革的理论依据

一直以来，社会的不断发展以及人才需求的持续增加使大学英语教学面临新的挑战，素质教育全面推进的呼声越来越高，这要求当代英语教学研究人员与英语教师不仅要熟练掌握基本的英语教学方法和理论，还要从英语的教和学两方面进行深入的研究和探讨，并在教学过程中运用最新的研究成果与理论，提高英语教学的教育性功能，以提高教学的效率和教育的效果，进而使学生的综合素质得到全面提高。下面详细阐述近几年来在大学英语教学改革过程中所涉及的主要理论。

（一）认知理论

认知语言学理论兴起于 20 世纪 80 年代初，是认知科学与语言学结合而成的新兴边缘学科。20 世纪 90 年代以来，认知语言学理论在中国蓬勃发展，其理论与相关概念在第二语言习得和教学等诸多领域产生了深远影响。认知语言学理论涉及的主要概念和研究对象有理想化认知模型、基本范畴、原型、图式、辐射范畴等，其中，被应用于英语教学的有基本范畴、隐喻、图式理论、距离象似性等。

1. 基本范畴

客观事物通常繁复杂乱，人们通过分类和储存这些事物来形成记忆，在这一过程中，对事物的不同划分范围使事物形成多种范畴。处于同一范畴内的所有事物所处的地位或层面并不相同，其中往往会有一部分比较容易被人类快速感知，那么，易于被感知的这部分内容所处的范畴就是基本范畴。一般来说，基本范畴的特点主要有以下几个：第一，其成员往往会表现出非常明显的对外区别性特征，该特征非常易于感知；第二，其特征能够快速地被识别出来；第三，其特征会被优先命名、认识、记忆和掌握；第四，其作为中性词，使用频次最高。在词汇教学中，教师应优先讲授基本范畴词汇；讲授完基本范畴词汇之后，再进行其他层次范畴词汇的讲解。基本范畴词汇常用作词典中的定义词语，学生掌握了这些定义词语后，再进行其他范畴词汇的学习和掌握，就会事半功倍，学生的英语水平也会得到提升。

2. 隐喻

莱考夫和约翰森认为，隐喻不仅是一种语言现象和修辞手法，而且是一种思维方式，是人们用一种事物认识、理解、思考和表达另一种事物的认知思维方式。[①] 隐喻是人的思维的基本特征，人们的概念系统在很大程度上也是以隐喻的方式构建的。词语的隐喻意义有两种：一种是为顺应生活需要而产生的；另一种是在语言中已被人们接受的约定俗成的隐喻意义。在词汇教学中，优化隐喻思维有助于学生透过英语语言的表层形式，体会其文化的思维特点和概念模式，将某些看似互不关联的词语与其反映的概念结构联系起来，最终掌握语言形式背后的概念理据。

3. 图式理论

所谓"图式"是指每个人过去获得的知识在头脑中储存的方式，是大脑对过去经验的反映或积极组织，是被学习者储存在记忆中的信息对新信息起作用并将这些新信息加工转存到学习者头脑中的过程。图式是储存于大脑中的、抽象的、包含空当的知识结构，它的每个组成成分构成一个空当，当图式的空当被学习者新接收的具体信息填充时，图式便实现了。

---

① 莱考夫，约翰逊.我们赖以生存的隐喻[M]. 何文忠，译.杭州：浙江大学出版社，2015：73.

阅读图式可分为语言图式（linguistic schemata）、内容图式（content schemata）和形式图式（formal schemata），听力理解同时具有这三方面的图式。形式图式包括语篇图式，这就要求教师不仅要帮助学生扫清语言障碍，还要让学生懂得不同文章的语篇结构和类型；内容图式则要求教师在选择阅读材料时一定要有针对性和目的性。从实质上讲，阅读教学就是平衡阅读材料所要求的内容图式与学生大脑中已存在的相关内容图式之间的关系。

4. 距离象似性

距离象似性的基本含义是概念距离越近，其所对应的语言形式之间的距离也越接近。其认知基础是邻近的概念与相关的思想较为容易被激活，人们也就更倾向于将其放在一起处理。距离象似性对英语学习有重要的意义，它不仅可以帮助学习者理解一些语法知识，还可以指导学习者更得体、礼貌地使用语言，从而达到运用英语进行交际的目的。

在索绪尔揭示了语言符号具有任意性原则之后，人们一直认为任意性是人类语言的一种本质特征。[①]在近几十年的时间里，认知与研学得到了进一步的发展，人们对语言符号任意性原则进行了批判。相对来说，众多国外学者将视线逐渐转向语言的象似性上，形成了新的热点研究话题。而在我国，同样有不少学者着手研究这种象似性，如王寅、沈家煊及杜文礼等。其中，学者王寅给出了"语言符号在音、形或结构上与其所指之间存在映照性相似的现象"的定义。[②]因此，可以说，语言的这种象似性与任意性是相对的，它表示语言的所指（即内容）与能指（即形式）之间存在着某种必然的关联，这种关系是有理据、经得起论证的。

学者对语言符号象似性的研究由来已久，最早是哲学家和符号学

① 刘静雯.论索绪尔的语言符号任意性原则 [J].南京理工大学学报（社会科学版），2006，19（1）：51-53.
② 王寅.象似性：取得文体特征的重要手段 [J].四川外语学院学报，2000，16（4）：39.

家感兴趣的问题。符号分为象似符（icon）、标志符（index）和象征符（symbol）。[①]功能主义语言学家海曼则对语言符号象似性做了更为系统、详尽的研究。他把语言结构的象似性分成两大类：成分象似与关系象似。前者指语言成分与人类的经验成分相似，换言之，就是形式与意义相对应；后者指语言结构内部不同成分之间的关系与人类经验结构成分之间的关系相对应。他还对后一种象似现象做了进一步的分类，如距离象似性、数量象似性、顺序象似性、标记象似性、话题象似性和句式象似性等。我国学者王寅将距离象似性定义为语符距离象似于概念距离。[②]概念距离相近，同属一个义群或语义场，或表述一致性较高的信息，人的大脑在进行思维活动时就容易将它们放在一起思考，它们共现的可能性就较大，在表达时语符间的距离也往往较近；语符距离近了，则其所表示的概念距离也就近了。

学英语不仅要学习语言知识，还要学习怎么使用这门语言，以达到交流和交际的目的。为了实现这个目的，我们可通过分析英语语言交际中所体现的距离象似性，从而探讨其对语言交际的重要原则——得体性与礼貌程度所产生的影响。

语言的得体性（appropriateness）是"一种社会群体的文化心理的价值评价"[③]，是交际中所要遵守的最高原则。语言的得体性体现着距离象似性，说话人越客气，使用的语言结构越复杂，信息量越大，说话人和听话人之间的社会距离也就越大。例如，"Open the window"和"Could you possibly open the window？"表达同样的基本意义，但是后句比前句复杂，所包含的信息量也更大，多用于关系不是很密切的人之间，而前句则用于朋友或非常熟悉的人之间。除了表达一些特殊含义外，一般情况下，这样用是最符合语境需要的，因而也是得体的。

语言的礼貌程度和得体性在一定程度上会受到距离象似性的影响，

---

① 资灿.高职英语教学的发展与创新研究[M].成都：西南交通大学出版社，2020：39.

② 王寅.象似性辩证说优于任意性支配说[J].外语与外语教学，2003（5）：3-8.

③ 王希杰.修辞学通论[M].南京：南京大学出版社，1996：342.

在很多种形式的英语表述中蕴藏着距离象似性原则。首先，词与词素或者词之间的位置不同，其表述的意义和产生的效果就不相同。根据距离象似性原则，对于概念或者认知较为象似的实体来说，其在时间与空间中所展现的语言形式也是相近的。也就是说，语言成分之间的距离对应着概念之间的距离。以此为出发点看待问题，有助于我们对日常会话、交际中所使用的语言规则进行更深层次的探讨。以比较常见的语用规则为例，客气的表述代表着疏离、距离。讲话者可以从言语的内容和语气两个方面表现出客气，表述越客气，其应用于表述中的语言单位也就越多，所表达的信息也就越多，就表示所间隔的社会距离也就越大。我们在日常生活中常常会使用模糊限制语，其与距离象似性之间的关系十分密切。在表述中使用模糊限制语可以延长语言单位，增加话语中的信息量，从而在无形中将交际双方之间的距离体现出来。例如：

（1）Your price is too high for us to accept.

（2）I'm afraid your price is somewhat on the high side.

我们在日常购物"砍价"时，可以使用第一句，即使交易不成功，也不会带来太严重的后果；但如果是在商务交易中，这种说法就不合适了。巧妙地使用模糊限制语，可能会带来意想不到的结果。对比以上两个例句，我们不难发现，模糊限制语"I'm afraid"和"somewhat"在此种语境下的使用就使话语礼貌得体了很多，在体现出双方距离的同时，减少了双方的对立感，可以有效地缓和交易争执中的紧张气氛，使交易更容易成功。

另外，委婉语也体现距离象似性。几乎在所有的语言中，委婉语都比直接表达要复杂些。其实，冗长只是一种掩饰，使用委婉语的真正目的在于用某种原因使听话人易于接受事实。

通过语言手段表达的礼貌自然同句式有密切的关系。不同的语言表达方式会体现出不同的礼貌程度。如果不考虑语境的作用，只是从语言形式本身来判断礼貌的程度，那么语言符号越多，社会距离就越大，话语的礼貌程度就越强。

在语言的具体使用过程中，我们要充分考虑交际的生成语境。关系越密切，社会距离越小，话语就越简短。语言的象似性揭示了人类的普遍认知规律和语言内部结构之间的关系。

（二）建构主义理论

自 20 世纪末起，建构主义（constructivism）就因其强大的影响而被人们誉为当代教育心理学中的一场革命。建构主义理论认为，客观地看，外部世界是存在的，但是，个体可以自行决定如何理解世界及其内在含义，个体会凭借自身积累的知识与经验解释或者建构世界。由于不同个体所掌握和积累的知识、经验是不同的，因此，其对世界的理解存在一定的差异。建构主义强调个体以自身的经验为出发点，站在主观的角度上建构对客观事物的理解，并构建其意义，重视教学的过程，反对将现成的知识简单地传授给学生。

1. 社会建构主义

个人建构主义认为个体一出生便开始积极地从自身经验中建构个人意义，即建立其自身对世界的理解。代表人物皮亚杰（Piaget）把心灵的发展看作已有知识和当前经验不断达到平衡的过程，伴随这一过程的是同化和顺应。[①] 这一理论强调个人的经验和发展，忽视人为干预和直接教育的作用，忽视社会环境的作用，因而有其局限性。本书所建立的理解教学过程的基础是社会建构主义模式。这一模式的要义为：知识不是通过教师传授得到的，而是学习者在一定的情境即社会文化背景下借助其他人（包括教师和学习伙伴）的帮助，利用必要的学习资料，通过意义建构的方式而获得的。该理论认为"情境""协作""会话""意义建构"是学习环境的四大要素。

（1）情境：学习环境中的情境必须有利于学生对所学内容的意义建构。

---

① 皮亚杰. 结构主义 [M]. 倪连生，王琳，译. 北京：商务印书馆，1986：79.

（2）协作：协作贯穿学习过程的始终。

（3）会话：学习小组成员之间要通过会话商讨完成规定的学习任务和计划。会话是实现意义建构的重要手段之一。

（4）意义建构：这是整个学习过程的最终目标。所要建构的意义是指事物的性质、规律及事物之间的内在联系。

建构主义指导下的教学应是以学生为中心，在整个教学过程中教师起组织、指导、帮助和促进的作用，教师利用情境、协作、会话等学习环境要素，充分发挥学生的主动性、积极性和创造性，最终达到使学生有效地实现对当前所学知识的意义建构的目的。

2.最近发展区理论

俄罗斯心理学家维果茨基认为心理学的核心概念是中介作用，中介作用是指儿童身边有重要意义的人在其认知发展过程中所起的作用。有效学习的关键在于儿童和"中介人"（父母、老师、同伴）之间交往互动的质量。[1]他的另一个重要贡献是"最近发展区"理论。最近发展区是指比儿童现有知识技能略高出一个层次，经他人协助后可达到的水平。儿童与成人或能力强于自己的同伴交往是其进入下一个发展区的最好办法。这提供了一种积极信息，即学生在某一学习阶段遇到障碍时，经过教师的帮助可以越过障碍达到一个新的学习阶段。

建构主义提倡的主要教学方法为随机进入教学、支架式教学、抛锚式教学。随机进入教学（random access instruction）是指在教学过程中基于不同目的、着眼于不同侧重方向，用不同的方式多次加以呈现同一学习内容，使学习者可以随意通过不同途径、不同方式进入同样教学内容的学习，从而获得对同一事物或同一问题的多方面的认识与理解。支架式教学（scaffolding instruction）是指应当为学习者建构对知识的理解提供一个概念框架，这个框架中的概念是加深学习者对问题的进一

---

[1] 维果茨基.维果茨基全集第1卷：对传统心理学的反思[M].吴长福,刘华山,张树芸,等译.合肥：安徽教育出版社，2016：256.

步理解所需要的。因此，事先应该把复杂的学习任务加以分解，以便把学习者的理解逐步引向深入。支架式教学由搭建脚手架、进入情境、独立探索、协作学习、效果评价几个环节组成。抛锚式教学（anchored instruction）也称"实例式教学"或"给予问题的教学"，其被形象地比喻为"像轮船被锚固定一样"，是指以具有感染力和代表性的实例（案例）使学生深刻理解事物的性质、规律及该事物与其他事物的联系。抛锚式教学有创设情境、确定问题（在创设的情境下，选择出与当前学习主题密切相关的真实事件或问题作为学习的中心内容，选出的事件或问题就是"锚"，这一环节的作用就是"抛锚"）、自主学习、小组协助学习、学习效果评价等几个环节。建构主义理论的主要内涵是指以学生为中心，在整个教学过程中由教师起组织者、指导者、帮助者和促进者的作用，利用情境、协作、会话等学习环境要素充分发挥学生的主动性、积极性和首创精神，最终使学生有效地实现对当前所学知识的意义建构。把建构主义理论运用于英语教学中，对于促进英语教学有着重要的积极意义。

二、大学英语教学改革的原则

大学英语教学改革并不是毫无依据可循，而是遵照一定的规则和理据展开的。

（一）以学生为中心原则

以学生为中心，是英语教学的首要原则。以学生为中心的原则源于美国教育学家杜威（Dewey）的"儿童中心论"。他指出，人类有自由的天性，尊重这种自由的天性，遵循教育的自然规律对儿童的成长和发展具有重要的作用。[①]在英语教学中，"儿童中心论"的原则表现为尊重

---

① 杜威.学校与社会：明日之学校［M］.赵祥麟，任钟印，吴志宏，译.北京：人民教育出版社，2005：73.

学生的主体地位，遵循学生学习的自然规律。也就是说，教师心里要时刻装着学生，时刻想着学生的需求，将"教"建立在学生"学"的基础上，一切教学工作都要围绕学生的学习展开。教师必须在充分了解和分析学生心理与需要的基础上，安排和调整自己的教学策略和步骤，以适应学生学习的需要，充分发挥学生的主体作用。教师提供教学内容，由学生自己进行意义的建构，自主学习，而不是让他们接受现成的知识。具体地讲，教师要做到如下几点。

（1）制订合理的教学方案。教师必须根据学生的语言接受水平和语言运用能力制订合理的教学方案。

（2）认真分析教材。教师必须确保教材内容符合学生实际的学习需求，并根据学生在学习中的实际情况随时调整教学内容。

（3）认真备课。教师必须在上课前精心准备教学内容，设计教学流程，对一些突发状况要有应对预案，以保证课堂教学的顺利进行。

（4）选择合适的教学方法和手段。教师必须根据学生的特点选择合适的教学方法和教学手段，从而激发学生的学习兴趣，使他们积极参与到学习中。

（5）重视自身的引导和激励作用。教师必须在学生遇到困难时给予及时的帮助，在学生学习进步、情绪高涨时多加鼓励，引导他们继续努力。

（二）循序渐进原则

无论何种事物，其发展过程都要遵循某种原则，英语教学和学习的过程也是如此。学生在学习英语时，也会经历从简单到困难、从外部学习动机到内部学习动机的过程以及知识消化和吸收的过程，从而将所学的英语知识转化成自己的英语应用能力。而英语教学应该以循序渐进的认知规律为依据，遵循这种渐进的原则，制订教育计划，设计教学内容。教师在遵循循序渐进的原则和规律进行英语教学时，应做到以下两点。

1.口语向书面语过渡

学生在学习语言时，一般从口语开始，然后逐渐过渡到书面语。英语包括口语和书面语两种形式，但是，从语言的发展史看，口语的历史远远早于书面语。这是因为人类从几十万年前开始劳动的时候起，就开始说话，但是，那时候的人们还不会写字，文字的出现比说话要晚得多。可见，从时间上看，口语是第一性的，书面语是第二性的。英语作为一种语言，学生在学习时也应从听、说（口语）开始，逐渐过渡到读、写（书面语）。

此外，由于口语里出现的词汇比较常用，大都是日常生活用语，句子结构也相对简单，因此，与书面语相比，口语更容易学习。通过口语的学习，学生可以很快获得与日常生活相关的交际语言，迅速提高交际能力。

2.各种能力不断强化

学生英语能力的提高不是一次性实现的，而是一个螺旋式发展的过程，需要进行多次训练。这种循环往复要求教师在教学中要做到以旧带新，从已知到未知。因此，教师应以学生已有的语言知识和已熟悉的语言技能为出发点，根据学生现在的英语水平来传授新知识，培养新技能。

（三）兴趣性原则

兴趣能够激励学生学习，为学生的学习提供充足、强劲的动力。从学生英语学习的角度来看，学生英语学习的效果在很大程度上取决于其对英语的兴趣。总的来看，很多学生在初学英语时对其并不排斥，他们最初对异国的语言和文化有着较强的好奇心，愿意主动接触新鲜事物，可以说，学生们起初对英语学习抱有强烈的兴趣。但由于种种原因，很多学生逐渐丧失了学习英语的兴趣，从而难以提高英语水平。为了提高英语教学的质量，我们就要从源头着手，运用科学的教学方法，激发和维持学生对英语的学习兴趣，强化其英语学习动机，从而提高英语教学效果。为此，教师可以从以下几点出发，激发学生对英语的学习兴趣。

（1）找到学生感兴趣的点。教师只有了解学生的兴趣所在，才能够根据他们的兴趣安排教学活动，真正激发学生的学习兴趣。

（2）善于发现学生的进步，并及时给予鼓励。教师在教学中应当善于发现学生的进步，并及时给予鼓励和表扬。这样既可以增强学生的自信心，又可以培养学生的学习兴趣。

（3）加强师生之间的交流。实践表明，学生对课程的喜爱程度与教师存在着密切的关系。教师与学生沟通充分，富有幽默感，会影响学生，学生会喜欢这位教师教授的课程，对这门课程产生较大的兴趣。

（4）创新教学方法。新颖的教学方法不但有助于提高学生的学习兴趣，而且有助于发展他们的思维能力，提高他们对知识的运用能力。学生的学习兴趣会因良好的学习效果而得到巩固与提升。

（5）完善教学评价的方式。教学评价方式的完善要求引入形成性评价，这样会使学生更加注重学习的过程，更容易体会到进步的成就感和学习的乐趣，从而可以激发他们学习的积极性。

（四）灵活性原则

灵活的方法是学生的学习兴趣之源，灵活性原则是兴趣性原则的有力保障。语言是一个充满活力、不断发展的开放性系统，因而，英语教学改革应遵循灵活性原则。具体地讲，教师应该在平时的教学中做到如下几点。

1.运用灵活的教学方法

教学方法的灵活性意味着教师在英语教学过程中，要根据语音、词汇、语法等语言知识和听、说、读、写、译等语言技能教学的实际情况，具体问题具体分析，根据不同的教学内容与学生实际的学习情况灵活地采取不同的教学方法。

2.引导学生采取灵活的学习方法

学习方法的灵活性体现在教师要引导学生根据英语语言学习规律，基于自身的生理、心理特点进行自主化学习，在学习的过程中能够自我导向、自我激励、自我监控，根据学习情况的变化及时调整学习策略和学习方式，进而发散思维，开拓创新，在不断的尝试和总结中提高学习效率。

3.灵活使用英语组织课堂教学

学习语言的最终目的是交流与沟通。教师要通过自身对英语的灵活运用带动并影响学生灵活使用英语。在课堂教学中，教师应尽可能多地用英语组织教学活动，使学生感到他们所学的英语是活的语言。此外，教师还可以通过灵活地布置作业为学生提供灵活使用英语的机会。

（五）交际性原则

交际性原则是英语教学改革应始终坚持的原则。教师要培养学生运用所学的语言知识在不同的场合、与不同的对象进行有效交际的能力。具体地说，教师应该做到如下几点。

1.正确理解英语教学的性质

要坚持交际性原则，教师就要先理解英语教学的性质。英语教学是一门针对听、说、读、写等各项技能的培养型课程，教、学、用三个方面构成一个有机的统一体。其中，"用"处于核心地位。学生的英语交际能力是在运用英语的过程中培养出来的，如果只有理论而不应用，那么，就很难达到预期的目标。因此，教师在教学中应加强英语使用的力度。

2.将英语作为交际工具进行教、学、用

众所周知，英语是一种交际的工具，英语教学的目的是使学生了解和掌握这种交际工具。

教师可以在教学的过程中逐渐培养学生运用英语这一交际工具的能

力。从交际原则上看，英语教学目标要求教师和学生都将英语当成一种交流、交际的工具，运用英语进行课上的教学活动和课下的交际活动。

教师应将教学活动与英语的交际应用结合起来，力求实现交际化的英语课堂教学模式。教师在英语教学的过程中，不能只是单纯地进行英语知识的教授或学习，还要进行实训，以提高学生的英语交际能力，培养学生在交际中应用英语的能力。教师应充分发挥教具的作用，创设真实的英语交际情境，为学生提供真实的模拟演练，并要求学生使用英语进行交际，从而提高学生对于英语学习的兴趣，帮助学生掌握学习和应用英语的方法。

3. 教学内容与活动的选择要贴近生活

由于英语是用于现实生活的，因而教师要使教学内容与学生的生活相联系。具体来说，在英语教学中，教师应把教学实践与语言练习和学生所关心的话题结合起来，给学生提供内容丰富、题材广泛、贴近他们生活的信息材料。因为这样的材料具有一定的现实性，所以容易引起学生共鸣，容易激发学生的兴趣，会使他们认识到学习英语的目的是运用，从而加大英语实际运用的力度。

4. 在教学中创设交际情境

要使学生具备运用英语进行交际的能力，就要做到在适当的地点和适当的时间，以适当的方式向适当的人讲适当的话，具体到英语教学中，就要积极创设情境，开展各种各样的教学活动，以提高学生的英语语言运用能力。情境包括时间、地点、参与者、交际方式、谈论的题目等要素，在某一特定的情境中，某些因素制约着讲话者说话的内容、语气，如讲话者所处的时间、地点以及其身份等。另外，在不同的情境中，同样的一句话可以表达出不同的意义，发挥不同的功能。例如，"Can you tell me the time?"这句话具有两种意思：一种是质问对方为什么迟到，是责备的口吻；另一种是向别人询问时间，是请求的语气。因此，在英语教学中，只有把教学内容置于一种特定的情境之中，才有可能让学生充分理解每一句话所表达的意思。这就要求教师在设计英语教学活动时，充分结合教材的内容，利用各种教具，创设各种情境让学生进行交际活动。这样对学生和教学活动都会产生有利的影响。此外，教师还可以设计任务型活动，让学生通过完成特定的任务来积累相应的知识与经验，但这些活动必须具有交际的性质，只有这样才有利于交际目标的实现。

（六）系统性原则

系统性也是英语教学改革必须遵照的原则。系统性原则主要有三个作用：①使学生对所学内容有比较系统、完整的概念认知；②能够建立起各部分知识之间和新旧知识之间的联系；③能够让学生清晰且有层次地消化所学内容。

下面我们就详细分析系统性原则对英语教师提出的要求。

1. 系统安排教学活动

大学英语教师在安排教学活动时应该有一定的计划，主要应做到如下几点。

第一，有计划地备课。例如，如果一篇课文需要四课时才能完成授课，在备课时就要一下备完，不能第一天上两节课就备两节课的内容，要一次性完成全部备课内容。

第二，教学讲解要逐步深入，层次分明，前后连贯，新旧知识点相互融合，一环套一环，形成有机而系统的联系。

第三，教学的步骤和培养技能的方法应该符合语言学习的规律。教师要根据课程的教学目的，由易到难，逐步提高要求。

第四，布置的练习要有计划性。要让学生先进行训练性练习，然后再进行检查性练习。此外，练习要具有体系性，即使是相同的练习形式，也要根据情况有不同的要求。

第五，布置的家庭作业要与课堂教学的重点密切联系起来。每次作业都要有明确的目的，课内课外要通盘考虑。

第六，定期考查学生对知识和技能的掌握情况，每堂课都要有一定的提问时间并做相应的记录。这既可以对学生学习起到督促的作用，也可以为教师的教学提供有益的反馈。

另外，对学生的平时成绩不能仅凭印象评定，教师要对学生的课堂表现、作业完成情况随时记录。

2. 系统安排教学内容

大学英语教师往往会在教学的过程中根据教学计划与学生的掌握情况对教学内容做出严密的安排。例如，教师应将教科书上的内容和学生的实际英语学习情况有机结合起来，对教学内容做出合理的安排，着重讲解英语教学中的重点、难点。在学习生词时，教师不应一次性地向学生讲授其所有的意义及用法；在学习新的语法、新的使用规则时，也不要将所有的用法与规则一次性地全部教给学生。教师应将知识分解开，按次序一步一步地将知识传授给学生，以便学生由浅及深、从简单到复杂地逐渐理解重点、难点知识。这样，既符合学生的认知规律，便于学生理解和接受，也可以减轻学生的学习负担，让他们轻松学习。

3. 系统安排学生学习

教师应该为学生安排好学习计划，指导学生循序渐进、连贯有序地完成所有学习任务，以持之以恒的态度进行持久性的、连贯性的学习。教师同样要在教学过程中有恒心，及时且经常性地引导和帮助学生完成课堂学习任务和做好课后的复习工作。教师还要引导学生有效进行日常学习和期末复习，并使学生明确应在平时抓住学习的重点，在平时的课堂训练中严格要求自己，由浅及深、从简单到复杂地掌握每一个重点、难点知识。坚决杜绝平时学习不努力，期末考试临时抱佛脚的情况。教师还应多多关注学生的学习，指导学生科学、高效地学习，因材施教，帮助学生充分发挥其特长，助其成材。

（七）关注情感的教育原则

教师要关注学生的情感，情感性也是大学英语教学改革要遵循的原则。具体来说，教师在教学过程中关注学生的情感，要做到以下两点。

1.努力营造良好的教学环境

（1）建立相互尊重、相互理解、相互信赖的新型师生关系。教师应做到仪表大方、笑容可掬、和蔼可亲，拉近和学生的距离。教师既要做学生学习上的指导者，又要做学生生活中的朋友。教师要及时了解学生学习上遇到的挫折，帮助其总结经验教训，克服困难，从而使其树立学习的信心；教师还要做学生生活中的朋友，要时刻注意学生的思想动态、家庭情况，必要时对其进行心理指导。

（2）营造激发学生学习兴趣的轻松愉悦的学习氛围。兴趣是学习活动中最活跃的因素。学生的学习兴趣不但能转化为巨大的学习动力，而且能促进学生智力的发展，开发学生的潜能，达到提高学生学习效率的目的。教师在教学过程中要把培养学生的兴趣放在首要地位，从而有效地促进学生英语水平的提高。

2.培养学生积极的情感

综合诸多教育专家和学者的观点，我们可以将培养学生积极情感的具体举措归纳为如下两点。

（1）联系学习内容看待情感问题。在平时的大学英语教学中，教师要用积极的情感态度，对学生学习过程中出现的具体问题进行有针对性的引导，帮助学生解决情感态度方面的问题。

（2）建立情感态度的沟通渠道。在课堂教学中，教师要建立起情感态度的沟通和交流渠道，如营造融洽、民主、团结、和谐的课堂氛围。有些情感态度问题可以集体讨论，有些则需要进行有针对性的单独探讨。但在沟通和讨论的过程中，教师要尊重学生的感受，避免伤害学生的自尊心。同时，情感既有内在的表现，也有外在的反映，因此，教师必须仔细观察，深入了解学生的情感态度，以培养学生的积极情感，消除其消极情感，促进学生健康人格的发展。

第三节　大学英语教学改革新要求

在新时代，我国高等教育发展的阶段、坐标、内涵、格局和动力均发生了深刻变化，外语人才培养从理念、目标、政策等各个方面都要实现根本性转变。笔者认为，要把高等教育进入普及化阶段作为谋划工作的基本依据，构建高质量的外语教育体系。要对标国际质量，提高内涵质量，将服务国家战略作为最高需要，将"四新"建设作为核心抓手，守正、创新，深化教学模式改革和人才培养机制，全面提高为党育人、为国育才的能力和水平。我们应从以下几个方面立足新格局大胆创新，积极参与教学改革，不断提高教学质量、提高学生水平，培养具有家国情怀、国际视野，有专业本领的复合型国际化人才。

一、以人为本，全面发展

教学的第一目标就是育人，大学英语教学同样以人本主义为首要任务要求。教师要时刻将学生作为教学的中心和重点，鼓励学生充分发挥其主体作用，激发学生的学习兴趣和积极性，使学生实现全面发展，帮助其养成终身学习的良好习惯。为此，英语教学应面向全体学生，使学生熟练掌握英语知识，培养他们严谨的治学态度、高度的社会责任感与积极的情感等，从而使他们形成浓厚的英语学习兴趣，积极自觉地学习英语知识，而教师则要对学生保持尊重、宽容的态度，依据以人为本的原则开展英语教学活动，具体做法如下。

（一）承认学生之间的差异

我们必须承认，学生之间是存在差异的，每个学生都有其独特的个性。学生的类型不同，其学习特点也不同。因此，教师应该为他们提供与其实际需求相符的指导，并为他们提供平等的学习机会。教师在教学中应该具体问题具体分析，做到因材施教。例如，有的学生擅长口头表达，有的学生则擅长书面表达；男生往往倾向于阅读思考，逻辑推理，女生则倾向于记忆单词，掌握规则。因此，优秀的英语教师应该在教学中根据学生的具体类型和特点对其进行具体的指导。

（二）相信学生的潜在能力

教师应该坚信，每一位学生都具有极大的学习潜能，也都具有独特、丰富的内心世界。尤其是在科技与网络高度发达的今天，学生在很多方面都比以往更独立，对许多问题的思考也更为深入。因此，教师应该多与学生沟通、交流，成为学生的朋友。同时，教师还要在与学生平等相处的基础上，了解学生的想法，进而改进自己的教学方法，以便为他们提供更加充足的展示发展潜能的机会。这样，英语教学也会卓有成效。

（三）发挥学生的主体作用

学生主体指自主地、能动地参与教学活动的学生个体。在英语教学中，教师要尽量为学生创设良好的教学环境，确保每个学生都能参与到教学活动中，让学生通过教学活动不断地培养和发展自身的自主性、能动性和创造性。

（四）营造和谐的课堂氛围

要想顺利实施教学活动，营造和谐轻松的课堂教学氛围非常关键。实际上，课堂教学过程也是一个交际过程，如果师生处于和谐的课堂教学氛围中，那么，就可以大大提升交际的效率；反之，如果师生所处的课堂教学氛围是不和谐的，就会严重影响交际的效果，甚至没有效果。从某种意义上说，在课堂教学过程中，和谐的交际氛围比先进的教学方法更加重要。下面从三个方面综合分析如何营造和谐的课堂氛围。

1. 保持宽容的态度

我们使用语言时，都会不可避免地犯错，母语尚且如此，英语作为外语，使用起来更是难免犯错。长期以来，教师在教学中过于强调语言的精确性，学生只要犯一丁点儿错误，就会被教师打断并更正。久而久之，学生便会产生挫败感与畏难情绪，甚至出现"谈英语色变"的情况，对英语学习提不起兴趣，由此导致英语课堂气氛沉闷。

在教育改革背景下，大学英语教学提倡教师对学生保持宽容，即教师应该引导学生多运用英语，不必有错必纠。

此外，在英语课堂教学中，教师还要正确处理突发情况。例如，遇到学生上课打瞌睡的情况，教师不应当立刻严肃地训斥学生，而应当本着以人为本的原则关心学生。这样，学生对教师心存感激，自然也就会积极投入到英语学习当中。

2. 改善师生关系

要营造平等、和谐的英语课堂教学氛围，英语教师就要衷心热爱教育事业，爱护自己的学生，与学生建立平等的关系，充分利用周围资源为学生创造和提供更多的交际机会。另外，英语教师还应将人本主义思想坚持到底，改变传统教学中以教为主的观念，重视学生的主体作用，重新审视师生关系并对其进行调整。在实际教学中，教师应为学生创造良好的学习条件和充足的学习空间，帮助各个层次、各种水平的学生体验学习的乐趣，使其在学习中收获成就感，使其求知欲得到满足。成就感能够促使学生产生学习的兴趣，激发其学习的积极性，进而提高学习质量。

3. 注重情感交流

积极的情感交流会在一定程度上直接影响学生学习的效果。因此，在英语课堂上，教师应该始终保持高昂的、乐观向上的精神状态，对学生要倾注尽可能多的热情，并用这种积极的态度将学生的积极情感调动出来。同时，教师要对学生充满信心，多表扬、鼓励学生，提高他们学习英语的积极性与主动性。

二、注重学生语言综合运用能力的培养

英语教学要注重培养学生的语言综合运用能力，这也是英语教学最基本的目标。这种能力的形成建立在语言技能、语言知识、情感素质、学习策略与文化意识等素质综合发展的基础之上。要培养学生的语言综合运用能力，教师就要深刻认识到以下三点。

（一）掌握语言技能是学习语言的主要目的

语言技能包括听、说、读、写、译五个方面的基本技能及其综合运用能力。如前所述，听、读是语言的输入，侧重对知识的吸收；说、写是语言的输出，侧重对知识的表达；翻译既有输入，又有输出。在交际过程中，学生通过吸收和表达知识信息，可以不断地提高语言运用的能力。因此，在英语教学中，教师要引导学生通过大量的听、说、读、写、译实践，提高综合运用英语的能力。可以说，在英语教学中，听、说、读、写、译不但是英语学习的手段，而且是英语学习的重要方面。

（二）学习英语需具备必要的语言基础知识

必要的语言基础知识是形成语言能力的基础，有利于学生的大学英语学习。

虽然我们对于围绕语法进行英语课程教学的做法持反对意见，不赞成将英语课当作语法课来上，但是，这并不代表我们不认可语法在英语教学中所发挥的作用。相反，我们既认可语法基础知识对英语学习的重要性和必要性，也认同语法是语言能力的重要组成部分，认为其对于学生语言技能的培养和发展有重要的作用。

需要注意的是，学习必要的语言基础知识并不意味着把学习语言基础知识作为课堂教学的唯一目的。也就是说，绝对不能把英语课当成语

言知识课来上。因为语言知识学习的目的是实践运用，只有在学习基本语言知识的基础上，辅以适当的实践训练，才能真正提高学生的语言综合运用能力。

（三）学习英语需注重心理因素，讲究学习方法与策略

心理因素不仅关系到人的身心健康发展，还关系到英语学习的效果。学生只有对英语学习抱着积极的态度，自发主动地参与进去，才能对英语有巨大的热情与动力，才能学好英语。因此，英语教学一定要注重学生的心理因素。

学习动机是学生学习英语的首要心理因素，而对英语的态度、兴趣、情绪则是促使学生产生英语学习动机的核心因素。因此，在大学英语教学中，教师一定要通过培养学生正确的学习态度使其对学习产生兴趣，调动学生的情绪，激发学生的学习动机。

除了激发学生学习英语的动机外，教师还要指导学生选择正确的英语学习方法与策略。正确的学习方法可以充分发挥智慧学习的作用，而有效的学习策略可以让学生在学习过程中不断提高学习效率，从而产生良好的学习效果。

三、努力提高学生的认知能力

通过分析大学英语教学在当下的发展阶段可以得出，大学英语教学目前正处于从知识型教学转变为技能型教学的过程。这种转变不仅要求英语教师将语言知识系统地、全面地传授给学生，还要求学生进一步提高对语言技能的认知能力、学习能力和应用能力。下面以大学英语教学改革为背景，以提高学生认知能力的意义和途径为切入点，对如何在大学英语教学中提高学生的认知能力进行深入的探讨。

（一）提高学生认知能力的意义

在大学英语教学改革中，提高学生认知能力的意义可从以下两种关

系来理解。

1. 母语与英语的关系

　　在英语教学中，如何正确认识和处理母语和英语的关系，这是一个非常复杂和重要的问题，正确地认识和处理母语和英语的关系将提高英语教学的效率。作为一名英语教师，我们必须知道英语和母语之间有一些相同的特征，比如演讲、语法、词汇以及文化意义，而这些东西将会帮助我们进行英语教学。但是我们也无法避免本族语当中的负迁移，教师可以使用母语中的正迁移并且克服其负迁移，在整个英语教学中，教师应该尽可能多地使用英语和恰当地使用母语。

　　在普遍的观念当中，人们总是认为母语在英语教学里只起着扰乱学习的作用，但是随着研究的进步，人们发现母语在英语教学和学习中起着非常重要的作用。老师们开始使用母语进行教学，这种方法促进和提高了英语教学和学习的效率，但是我们也不可以忽视母语的负面影响，因此我们对待母语与英语之间的关系应该是谨慎的。使用正迁移，克服负迁移，我相信，这将有助于我们的教学和英语的学习。

　　（1）母语正迁移的影响。不同的语言之间有共同的特点，而这些特点又是本质的和重要的。桂诗春先生的看法很有道理：二语习得和外语学习不是零起步，而是以母语为起点。所以母语会对英语教学产生巨大的影响。比如英语里元音的发音与拼写都与中文的拼音十分相似，一个认识拼音的人，他在学习英语发音时会相对简单。在语法中，英语和中文在主谓宾等一些句型成分上，也有共同之处，例如：

English：we always watch TV.

　　　　主语 状语 谓语 宾语

　　　　代词 副词 动词 名词

中文：我们 经常 看 电视。

　　　　主语 状语 谓语 宾语

　　　　代词 副词 动词 名词

有些句子的语序也是相同的。这些相同的特征会帮助教师提高英语教学效率，促进学生英语学习的进步。

（2）母语负迁移的影响。母语会对英语学习产生消极的影响，这是不能够避免的。一个将中文作为母语的人，在学习英语的时候会用中文的语法去学习英语语法，这其中不免会产生一些错误的观念，中文里一般不会在一个名词前放许多的定语，如"一个要饭的，身材矮小，面黄肌瘦，衣衫褴褛，瘸腿，满脸胡子"，当我们要把这个句子翻译成英语时，必须要遵循英语的语法，把定语放在这个中心词之前，即"a little，yellow，ragged，lame，unshaven beggar"，如果我们使用的是中文的语法，这个翻译肯定就错了。除了在翻译中这种现象也会出现在其他的地方，如语音、写作等，在学习英语时如果单纯地将母语作为参照物，那么其中的错误会出现很多。

在英语教学中，教师总是会面临母语与英语之间的关系问题，如何使用母语的正迁移去克服它的负迁移是英语教学非常重要的方面。母语与英语中的知识存在一定的共同特征，如果学习者在学习之前就已利用母语了解了这些知识，则会促进正迁移作用的发挥。两种语言背景知识和语法知识的差异虽然容易导致负迁移，但若能做好两种语言的对比，不仅能减少负迁移，还能最大限度地发挥母语的正迁移作用。作为英语教师，在教学当中更应该以此为基础，避免母语产生的负面影响，使母语与英语相互融合来促进教学效果。

2.语言与思维的关系

文化语言学认为，语言与思维是密切联系的统一整体。语言作为思维的物质载体，是思维得以发展的媒介，语言能力的发展和思维能力的发展是相互促进、辩证统一的。

语言是人类文化的一种表现形式，它不但凝结了人类的文化成果，而且将各个民族的文化（如风俗习惯、价值观念、审美情趣等）按照一定的结构形式（如词语的组合、排列等）表现出来。通过对英汉词汇语义的对比，我们可以发现，由于英汉两种语言分别产生和发展于不同的社会形态和历史背景之下，因此，它们的词汇之间很少出现一一对应的现象。英汉词义大部分都是不完全对应的，介于完全对应与无对应之间。例如，英语中的"brother"既可以表示"哥哥"，也可以表示"弟弟"，而英语中的"cousin"一词则囊括了旁系亲属中同辈的所有男性和女性。相比之下，尽管汉语中有丰富的关于亲属关系的词汇，但无法实现与上述英语词汇的完全对应。

以上这种英汉词汇之间存在的差异反映了两个国家在社会发展、历史文化与思维方式上的差异。中国处于封建社会的时间较长，遵循以家庭为中心的等级制度，崇尚家庭观念；而西方却不然，它步入资本主义社会的时间较长，崇尚个体的独立，提倡个人解放，家庭观念淡薄，表达亲属关系的词汇相对较少，表现个人独立意识的词汇却相当丰富。例如，在英语国家中，人们认为"privacy（隐私）"是神圣不可侵犯的，但在中国，人们却认为它没有那么重要。

可见，在语言学习中，大学生不仅要学习其中的语法和词汇，还应该学习目的语的文化，领会目的语不同于母语的思想文化观念，感受生活在不同环境与背景中的不同民族的思维方式。大学英语教师应深刻认识语言在这一层面上的不同，进而有计划、有目的地进行教学活动，有意识地培养学生这方面的思维能力和认知能力，使学生形成新的感受机制和认知机制。

（二）提高学生认知能力的途径

要想在英语教学中不断提高学生的认知能力，就必须选择合理的教学途径和方法。具体来说，教师在英语教学中要做到以下两点。

1. 坚持以话语为中心的教学

英语教学经历了从词本位教学（翻译法）到句本位教学（听说法），再到话语本位教学（交际法）的发展历程。

从思维和语言的关系可以看出，一个人的思维、语言（话语）应该是一致的。词本位教学法侧重翻译，句本位教学法侧重听说，这两种教学法与思维活动之间如果出现脱节，就会导致学生产生无意识的、机械性的模仿行为，做出重复性的活动，对学生锻炼和提升智力无益。但是，由于话语中有能够衔接词语和语境并使其变得连贯的因素，因此被视为一种基本的言语交际单位。话语本位教学法有助于学生思维、语言的统一，能使其语言具有连贯性和整体性。

此外，话语分析理论和篇章语言学不仅为话语本位教学法提供了一定的理论基础，还为其提供了一些具体的分析方法，使教学活动更为科学化和系统化。因此，英语教师不仅要掌握这些理论，还要将这些理论与具体的教学实践联系起来。

2. 坚持"文道统一"原则

众所周知，语言与思想是密不可分的，语言教学应当与思想教育活动统一起来。在教学过程中，要同时兼顾训练与思想教育两方面的内容，这就是所谓的"文道统一"。

传统的英语教学存在一定的弊端，如：注重形式，轻视内容；注重技巧，轻视智能。语言是工具，但语言教育的目的是超越工具范畴的，其宗旨是达到更高层次的教育目标，"文道统一"是实现教育目标的最好手段。具体来说，教师要做到以下几点。

（1）提高自身综合素养。要培养学生的某种能力和素质，教师自身就要在教学之前具备这种能力和素质。因此，要想使学生的认识能力得到有效提高，教师就要先从情感层次上经历这种智力体验，只有这样，才能向学生教授和传递这种体验，引导学生身临其境地感受，从而达到教育目的。

（2）挖掘语言的文化底蕴。在阅读教学的过程中，教师应先从结构和整体层次上对文章形成深入的认知和理解，之后再引导学生探讨和挖掘其中体现文化底蕴和有价值的部分，使学生发现语言中的真、善、美，从而不断完善并升华其人格。对于学生来说，这种教学方式不仅能够提升他们的认知能力，还能使其人格修养不断得以完善。

四、充分利用多媒体、网络技术

与传统的大学英语教学相比，多媒体、网络教学为学生的英语学习创造了完全自由、自主的学习空间，其本身具有很多优势，具体体现在以下几点。

（1）多媒体技术统一并结合了文、图、影、像等各类教学资料，可以生动形象地将知识呈现给学生，便于学生理解和记忆。这种形式有助于培养学生的学习兴趣，进而激发其探究欲，调动学生的多种感官，慢放、回放等还可以让学生随时复习巩固知识，加深学生对知识的理解。学生可以自由选择学习的时间，增加学习时间在日常生活、学习中的占比，提高其学习效果。

（2）网络技术拓展了学生的学习空间。学生可以在网络上查询到更多的学习内容，实现自我提升，教师也可以利用网络进行作业布置及任务评定等。从某种意义上看，网络技术为教师和学生减轻了部分负担，能够促进学生的自主学习。所以，大学英语教师应充分发挥网络技术、多媒体在教学中的作用，提高英语教学质量。

五、提升学生的文化素养

语言是文化的载体，是反映民族文化的一面镜子，语言与文化具有密不可分的关系。我们学习英语，不但要学习英语这门语言，而且要学习英语所蕴含的丰富文化。

经济、技术、信息的交流和商品、资本、人员的流动使世界各国的文化突破特定的地域环境和社会语境的限制，融入全球性的文化网络之中。多元化已成为文化的基本格局。在这样的时代背景下，文化素质的培养毫无疑问地成为大学英语教学的重要内容。

文化教学有助于学生提高自身的竞争力和国际理解力，为其重新审视本国文化和异国文化提供新的角度和视野，从长远来看，有助于促进国家之间的交流，促使国家之间进行更有效的合作。此外，通过文化教学，学生对本土文化可以形成新的认识和了解，自身的民族自豪感和民族自尊心增强。当其进行跨国交际时，会更积极主动地宣传本民族的优秀文化传统，为世界文化的繁荣发展出力。

六、运用多元化的评价方法

教学效果的好坏和教学目标是否实现都需要教学评价来检验，因而评价是大学英语教学的一个重要方面。

多年以来，大学英语教学采取单一、机械、落后的评价方式，在一定程度上忽视了英语教师对自己的教学和学生对教师教学的评价，对学生的自我评价和小组评价不够重视，过分夸大了评价的选拔作用，而忽视了其反馈功能，不利于发展学生的合作精神，也不利于建立和谐的师生关系。

时代的进步对教学评价方式提出了新的要求，如：测试中的客观题减少，主观题增多；终结性评价不再"独霸天下"，形成性评价的权重增加。随着人们对教学评价改革意识的增强，依赖于网络而实现的评价方式也逐渐发展起来。这些评价方式大多具有开放性、形成性和多维性的特点。例如，允许学生多次考试，让他们看到自己的成功和进步，尊重每位学生的学习速度、学习阶段和自我感受，让他们为完成学习任务而学习，而不是单纯地为了应付考试而学习。

第四章　大学英语教学与跨文化教育

第一节 跨文化教育开展的必要性与原则

一、大学英语教学中开展跨文化教育的必要性

如今社会正处于全球化和文化多元化的趋势当中，在这种时代背景下，大学英语教学也有了更加严格的要求，学习者必须掌握语言技能，内化语言知识，并努力提高自身的文化素养、跨文化交际能力等，由此可以看出大学英语教学在"工具性"和"人文性"上的统一。当今时代背景下的大学英语教学是一个培养学生跨文化交际能力、提升学生语言运用能力的有效途径，因此在实际教学中需要让文化和语言相互结合，同时提高学生的英语语言知识水平与跨文化交际能力。

语言和文化的关系十分密切。拥有悠长历史的民族，其深厚的民族文化内涵往往是由民族语言承载的。当今时代下，国际政治、经济、文化等方面的交流日益频繁，在多元文化相互交融的大环境下，各民族在语言文化上的碰撞和交流也变成了全球化和国际化的当代特色。在跨文化教育中，跨文化障碍的产生源于跨文化知识的匮乏和对民族文化差异的不了解。针对这种情况，教师应在以跨文化为导向的大学英语教学中，让学生们在沉浸于西方文化的同时，结合我国多民族文化的特点，养成民族文化认同感，深化学生对我国传统民族文化的认识，培养正确的民族文化观念及跨文化交际意识和能力。

在我国丰富多彩的多元民族文化背景下，大学英语跨文化教育应构建以本土文化及民族文化为根本、以外语文化为借鉴要素的和谐共生的文化生态系统。跨文化教育的核心层面——跨语言知识和跨文化知识层面不仅包括目的语的语言和文化知识，更包括母语的语言和文化知识，特别是本土语言文化、本民族语言文化。和谐健康的语言文化交流必须

是平等、动态、双边及双向或者多向的，不能偏颇地强调一方的语言文化价值观而忽视另一方。当前的跨文化交际教学特别容易出现过分重视英语文化及西方价值观而弱化或者边缘化本土文化和本民族文化的现象，这是教师必须要避免出现的。只有和谐共生的文化交流生态体系和模式才能实现共赢，实现共同发展和繁荣。教师在跨文化教育体系中应倡导和促进动态的双向平等的交流、互通和互动，在借鉴和吸收异族文化精髓的同时必须形成并提升本民族的文化定力和文化自信，克服"中国传统文化失语症"，提高对外文化输出效能。因此，全球化时代背景下的大学英语跨文化教育应以正确的文化生态观为指导，维持多种语言文化相互促进、共同发展的生态多样性，帮助学生培养跨文化思辨能力和批判性文化思维，让学生以正确的立场和态度来审视外族文化的优劣，在吸收其精华的同时形成语言文化平等意识，在和谐的语言文化生态体系中获得跨文化交际能力。

如今，在语言教学中加入文化教学已经成为学术界的共识。因此，文化在英语教学中的地位也必须得到提升，让英语文化得以传递下去，为培养学生的英语交流能力奠定基础。在大学英语教学中开展跨文化教育的必要性主要体现在以下几个方面。

（一）实现英语教学目标的保障

从本质上看，英语教学目标依旧是培养与提升学生应用英语的能力，保证其在将来拥有跨文化交际的能力。所以，越来越多的学者都开始意识到英语教育的实用性、工具性以及交际性。语言是传播信息、交流思想的媒介，其对于民族文化传播也有着载蓄的功能。因全球化发展，各国之间的文化交流变得更加频繁，本土文化也会随之面对各种价值观，并与其相互磨合。

外国文化在我国的传播与交流能够使我国人民了解不同的文化，还能拓展本土文化和民族文化。全球化的出现是一把双刃剑，我国应该抓住这个机遇，积极谋求新的生存与发展方式。英语教学作为培养跨文化交流人才的重要方式，应该注重西方国家文化的导入，同时需要深深植根于本土文化，发扬我国优秀的传统文化，使学生具备宣传本民族文化的意识与能力。英语教学不仅要让学生掌握基础的语言知识和技能，还要培养其英语思维能力，使其能够融入跨文化交际环境并开展具体的交际行为。跨文化教育能够使学生掌握新的知识与文化，更加深入地了解本国与他国的文化事物，因此是一种有利于素质与能力双重提高的教学方式。我们在进行跨文化英语教学时，应该从本质上反映出语言与文化、语言教学与文化教学的联系。

（二）适合中国环境的教学模式

跨文化教育实际上是母语思维和异域思维的碰撞，交际中的困难在很大程度上并不是因为交际者对非母语语言知识掌握不足，而是由于对非母语文化的不了解。在全球经济、文化交流的大背景下，学生进行跨文化英语语言学习的目的是迎合社会发展潮流的需要。

我国英语教学随着社会发展拥有了更加多元的对象，以及更加多样化的教学方式。跨文化教育可以让学生的信息交流能力和跨文化能力得到有效提升。此外，如今社会的多元性使英语交际者必须具备写作能力与合作意识，这样才能借助跨文化教育推动人类整体进步，并在这个过程中提升自身文化意识。由此可以看出，跨文化教育既可以让英语工具性作用得以发挥，又十分符合中国环境下的教学模式，不仅有利于社会的发展，还能促进人类文化相互交融。

在我国，英语课堂教学是学生获得英语基础知识并了解英语国家文化的重要渠道。由此可以看出，跨文化教育是融合语言教学和文化教学的举措，能够为学生营造良好的英语文化学习氛围，并防止母语文化的干扰，提高学生的跨文化交际能力。

（三）有效教学的重要组成部分

英语语言教学不仅需要教授英语语言知识，还需要注重社会规范、语言交际环境、语言使用规则、语用规律等因素，从而使学生能够完成现实中较为复杂的英语交际。跨文化教育与大学英语教学是相互促进的关系。如果在大学英语教学中忽视跨文化的研究，就有可能导致英语教学费时低效现象的出现。

跨文化交际对交际者的文化能力有着较高的要求，而跨文化教育能够使学生了解中西方文化的差异，提高文化的敏感度。同时，这种教学方式和研究视角能使学生感受到英语教学与现实生活的联系，从而提高英语学习的兴趣与效率，避免交际中的文化障碍。因此，跨文化教育既能提高学生的学习能力，也能较好地实现英语教学目标。

（四）现代英语教学的标志之一

在信息时代，全球化的趋势愈加凸显，人际交往愈加频繁，不同国家和地区也展开了不同程度的文化交流活动。英语作为国际通用语言，在跨文化交际中的地位不言而喻。现代英语教学的重要目标之一就是向社会输送更多符合社会要求的英语人才。但需要指出的是，英语能力的提高不能单纯地依靠语言知识的教学，还应有文化知识的教学。英语是一门工具性的语言课程，其最终的教学与学习目标是使用英语进行沟通与交流。

在跨文化交际里，如果交际双方对彼此的文化背景知识不够了解，就很容易产生交际误解和交际障碍，从而影响交际的顺利进行，而对现代英语人才的评判标准之一就是其是否具有跨文化能力。所以，跨文化教育具有十分重要的作用，它可以培养出学生的文化感知能力与文化认知能力，可以向学生教授外语交际技巧，它也是新时代发展对英语教学提出的新要求。在此时代背景之下，许多大学也都更加重视跨文化能力的培养。作为一种具有较大影响力的教学方式，跨文化教育可以体现出英语教学的培养目标与最终目的，是对传统教学模式的一种革新。

（五）实现素质教育的有效渠道

我国一直都在积极推进素质教育，而英语作为基础课程之一，也是我国文化素养教育建设的重点之一。从跨文化角度来看，英语教学是达成素质教育的有效渠道。英语素质教育不仅包括英语基础知识的教学，还包括培养学生良好的文化思维，提升其文化素质。由此可以看出，素质教育和跨文化教育有许多共通之处。

因此，在实际的跨文化教育中，教师必须处理好语言和文化的关系，尽可能地导入更多的英语国家文化。这要求教师必须掌握更多的跨文化交际学相关理论，提升语言教学的交际性和实用性，站在跨文化教育的角度开展英语教学，从而减少本土文化思维定势的影响，培养学生的英语思维能力和语言技能。

二、大学英语教学中开展跨文化教育的原则

（一）思想性原则

思想性原则是跨文化教育的首要原则。该原则要求跨文化教育的内容是正确、健康的，要对学生思想道德品质的培养与精神文化的建设具有促进作用。因此，在组织跨文化教育活动的过程中，教师应注意选取具有高度思想性的活动，寓德育于活动中，使学生在学习知识的同时接受思想教育。语言是人类社会独有的、最重要的交际工具，它用于交流思想、互通信息，用于表情达意，因此英语教学理所当然要传授规范的语言知识和训练必要的语言技能，并让学生掌握它。然而，语言是思想的直接现象，又是思想内容的载体。人们在运用语言的同时进行着思想交流，不存在不表达思想的所谓纯粹的语言。总之，大学英语教学必须把语言教学与思想性原则统一起来，把英语当作一门完整的系统课程，真正实现教育学生的目的。

（二）针对性原则

传统英语课堂教学中的教学目标、教学大纲和教学计划等，涉及的群体是全体学生，对于学生在能力、智力、性格等方面的个体差异很难照顾到。而跨文化教育往往拥有丰富的内容和多样的形式，可以很好地弥补传统课堂教学的缺陷，实现因材施教。为了让每一个学生都能发挥出自己的潜能，教师应该根据学生自身的特点采用相应的活动形式。以英语听力教学为例，由于英语听力水平高低决定着交际活动的成功与否，是语言能力的重要表现，因此，英语听力已经是必备的考查因素。针对性原则是教学中的普遍原则，在英语听力教学中又有其特殊的指导作用，要富有成效地落实在教学过程中，应分三步进行。

1. 探查听力症结

听力教学要达到预期的效果，不能单纯靠听力信息量的积累和学时的增加，教师应首先找出不同学生的听力症结，然后用不同方法加以解决。语言知识、背景知识模糊是制约听力发展的一个因素，也反映出学生跨文化水平以及高校跨文化教育的缺失。英语听力材料中包罗的各种背景知识（历史背景、社会背景、生活背景等）随时出现，复杂多变。因此，有时学生听懂了对话，与之有关的练习题却做不对；听清了一篇幽默短文，却体会不到幽默感；听觉器官接受了语音语调，大脑思维却解不开表达的意义。总之，在需要理解背景知识时，学生们套用自己现有的生活经验，往往感到杯水车薪。

2. 优选听力材料

要加强听力教学的针对性，就必须针对学生的听力症结，择优选用听力材料。英语听力教学学时少，再加上课外语言环境匮乏，如果采用细水慢流的教学安排必然会使学生的听力水平远远滞后于同期阅读水平。因此，教师在选择听力材料时要考虑词法、句法等语言知识在阅读课中的表现层次，使之不超出阅读课的难度，同时，教师也不要为了照顾学生已经滞后的听力水平刻意降低难度、放慢速度，要着重考虑授课对象的现有水平和存在症结，既强调语音基础训练又重视提高发展。

听力材料还要有较强的交际性。录音内容不是孤立的词和句子，而应出于真实交际场景，是两人或两人以上的会话以及富有情节的故事短文，以利于发挥学生的想象力。听力教学应从交际情境开始，广泛引入交际性练习，引导学生把注意力投向丰富多彩的语言情境，使其思考要表达的内容，而不是思考语言的形式。

美国人类学家霍尔说："在理解上有两大障碍，一是语言的直线性，二是各种文化本身就包含障碍以及由此造成的很深的偏见。"[①] 听力理解尤其如此。好的听力理解有赖于听者对主题的背景知识的了解，因为在实际生活中的听力理解有时需要根据语言信息等有关的背景知识做出判断。

以下列举与有关跨文化的听力内容。

A：Are you married？

B：Yes，I am.

A：How old is your wife？

B：I don't know.

听完这段对话，有些学生觉得奇怪：怎么连自己妻子多大岁数都不知道呢？其实，这就涉及了中外文化的差异。我们中国人谈话总喜欢谈到年龄、工作、收入等问题；而对英美人来说，这些都属于个人隐私，在谈话中是要回避的，否则就会被视为对他们不尊重。许多学生对英语国家的文化背景缺乏了解，没有掌握英语中一些词语的联想意义、社会意义及语用规则，因而在听清楚了每一个单词及句子的情况下，还是不解其意，或是产生误解，如下面的父女对话。

Little girl：I'm thirsty. I'm thirsty.

Father：OK. You go out and get a drink of water at the fountain.

---

① 邓丽阳 . 消除英语听力障碍，走出听力教学误区 [J]. 英语画刊（高级版），2020（19）：41.

"fountain"在这里是指"drinking fountain（喷泉式饮水器）"。美国人一般不喝热水，在办公楼里、公园里都设有这种饮水器供人们饮水，不了解这一情况就会对此句感到迷惑不解。因此，教师在上听力课时，要多介绍听力材料背景及文化知识，以弥补学生的不足，减少学生因缺乏这些知识产生的理解困难，帮助学生树立起听的信心，达到最佳训练效果。

3. 发展听力潜能

（1）运用交际语速。英语阅读教学中，教师为了让学生听明白，有意发音清晰，放慢语速。但是在真实的交际英语中，会话语速快慢多变是交际情境的正常需要。为了提高学生对交际语速的适应性，教师就要避免因语速快不能听清楚而放弃快语速和故意迁就学生的现象。听力材料的语言难度已经考虑了学生的可接受性。因此，在听力教学中，教师要让学生尽快熟悉外国人在真实交际场合中所使用的语流语速，帮助学生克服急躁和紧张情绪。在开始阶段，教师可增加放录音的次数，对生词和较难的句子可给予解释，但决不可故意选择语速过慢的录音材料。

（2）调动多种感官。在听力学习中，学生要以听为主，兼顾说写，因为听力技能的提高不能单纯靠听觉器官。听力训练如果不借助口头和书面表达，加做一些应答性练习，就不能活跃课堂气氛和发挥学生的主动性，也无法检查课堂听力教学的效果。

教师应要求学生边听边简略地写下语言情境中的关键信息，如人物、年龄、日期、地点、天气等，以便回顾联想，减轻短期记忆负担。与听相关的书面练习主要有听写、填空、判断正误、选择正确答案等。听和说关系最为密切，与听相关的口头练习有复述模仿、听力解释、口头回答等。不同的学生分别有自己的习惯性错音，通过口头提问可以随时予以纠正。学生不断模仿录音里的正确发音，正确的读音就会在脑海里留下深刻的印象。

（3）提取关键信息。人们在交际中为了成功地传递信息，避免误差和遗漏，往往借助重复或累加，这种表达方式在英语交际会话中占有明显比重。学生因为不了解英语口语中存在的大量冗余现象，试图听清并接受一切声音所传递的信息，结果失去了抓住关键信息的机会。实际上，汉语会话中也常有人在犹豫不决或言辞贫乏时用到"啊""这个""唔""是吧"等词或词组，并且这些词或词组之间往往夹杂着大量的语言重复，只不过把汉语作为母语的人习以为常罢了。冗余重复与谈话内容毫无关系，也不符合语法规则，谈话人只不过借此延长思考时间，或者完全出于谈话习惯。在英语听力训练中，教师应注意指导学生排除多余的重复表达干扰，抓住交际的实质内容，集中摄取有效的语言信息。

教师要提醒学生区分主次信息，留心轻重读音的变化。谈话人出于感情需要，不可能给语流中的每个词赋予同样的清晰度，而是有重读词和弱读词。关键信息词常常得到重读，甚至有特别重音，次要信息词常常在语流中一带而过，十分含混。

因此，学生只要在听力训练中注意排除与情境主题无关的干扰信息，有效连接主要信息间的关系，就会提高对听力材料的整体理解能力。

（4）点拨背景知识。听力材料涉及的背景知识是多层次的，包括交通、体育、购物、教育、风俗等方面。如果听力材料中的背景知识影响到听力理解，教师就要给予解释。课堂上时间宝贵，解释背景知识三言两语点透即可，切忌无限扩大、过多引证，以免喧宾夺主，冲击正常的听力教学过程。点拨背景知识之前最好让学生先听一遍录音，让他们选出自己认为最正确的听力答案，然后根据选择的结果，解释说明正确和错误的原因，并要求再听一遍。例如，在一段关于打电话的会话中，出现了可译为"受话者付费"的短语，因为"受话者付费"在中国学生的头脑中尚未形成概念，这就需要教师对此短语进行解释，让学生知道这是美国电话局的一种服务，在征得受话人同意之后，电话费由受话人支付。

坚持听力教学的针对性原则，不断发展学生的听力潜能，不仅能保证英语听力课堂教学的质量，而且能够唤起学生英语听力学习的课外自觉行动，使学生在听外籍教师开设的英语讲座时，或在收看英语电视节目和听英语录音时，思路正确，事半功倍。

众所周知，语言与文化相互依赖、相互影响。语言是文化的重要载体，文化对语言有制约作用，两者关系十分密切。自古以来，人类社会积累下来的文化遗产给语言打下了深刻的烙印。语言是人类社会文化中的语言，与人类社会的文化息息相关。可以说，语言反映了一个民族的特征，不仅包含着该民族的历史和文化背景，而且蕴藏着该民族对人生的看法、生活方式和思维方式。语言与文化互相影响、互相作用，因此理解语言必须了解文化，理解文化必须了解语言。在国际交流中，不同文化背景的人往往缺乏对异质文化的了解，可能产生误会，进而妨碍正常交流。克拉申认为："如果语言被看作社会实践，文化则是语言教学的核心，文化意识必须被看作语言水平形成的必要之物和语言水平的反映。"① 因此，语言和文化是密不可分的。所以，教师在教学过程中不仅要进行基本的语言教学，还要进行跨文化交际教学，培养学生跨文化交际的能力。

（三）合作学习原则

1. 原则内容

在 21 世纪这个全民教育和终身教育得到肯定和普及的时代，怎样提高人们的学习效率是教育学家们重点研究的课题之一。在这个问题上，人们开发了很多提高学习效率的理论和方法。其中，强调个人在学习过程中的主动性、积极性的竞争理论和强调在个人努力基础上的合作理论是其两个重要的方向。合作学习是一种基于社会心理学、群体动力学理论，以提高小组学习效果为目标，强调小组成员互帮互学、共同进步的学习理念和方法。在国外，这一理念和方法早在 20 世纪 70 年代就

---

① Kramsch.Context and Culture in Language Teaching[M].New York: Oxford University Press, 1994: 9.

得到开发和运用，而我国在 21 世纪初才引入。

合作学习并不是一种固定的教育理念和方法，而是建立在杜威的教育哲学、社会心理学、群体动力理论（group dynamics theory）基础上的系列教学理念和方法。合作学习最基本的要素就是学生互相合作、互相帮助、取长补短、共同进步。在这一合作学习的过程中，每一个学生都能根据自己的实际情况，确定在学习小组中的位置，发挥自己应有的作用，从而达到提高学习效果的目的。为了发挥合作学习的效果，这个群体不应该是一个很大的团体。在教学实践中，它可以是两个学生的合作学习，也可以是四个学生、八个学生的合作学习。现对合作学习的原则做如下归纳。

第一，互惠性相互依存与个人责任相结合的原则。互惠性相互依存指学生在学习过程中明确地认识到，如果不能与其他同学合作，自己也很难达到提高学习效果的目的。换句话说，个人的进步取决于与其他人的合作，而其他人的进步也取决于与这个人的合作。互惠性相互依存是合作学习最主要的原理，使学生互相合作，共同进步。例如，在阅读课上，只有让水平最低的同学也达到充分理解的程度，全体学生才能进入下一阶段的学习。如果不是这样，水平高的学生就不会有动机去帮助水平低的同学。但是，互相依存并不否认个人的责任。相反，在合作学习过程中，每个成员必须认识到自己在小组中的作用和责任，并积极地用行动发挥自己在小组中的作用。只有这样，才能避开某些学生不负责任的搭便车行为。例如，在小组讨论中，每一个同学都必须事先进行准备，一旦被指名发表意见，就不能以没有准备好为由拒绝参与小组讨论。在这个意义上，互惠性相互依存和个人责任是相辅相成的。

第二，促进性交流与提高交流技巧相结合的原则。合作学习不是学生之间的同水平重复，更不是把自己的成功建立在同伴失败的基础之上。合作学习要求小组必须设立更高的目标，并为这个目标的实现进行不懈的努力。一旦目标达成就必须及时调整目标，提出更高的小组学习目标。所以，合作学习的目标是一个不断提高的动态过程。为了实现合作学习不断提高目标的动态过程，学生必须开发和掌握相应的小组交流技巧。在英语学习过程中，参与成员都不是用母语进行交流的，所以相应的交流技巧就显得更加重要。

第三，多样性的小组成员与平等的参与机会相结合的原则。学生在组成合作学习小组时，应该尽量让不同的同学参加，从而保持小组的多样性和活力。这种多样性可以包括不同水平、不同能力，也可以是不同性别、民族、出身、兴趣、性格等。只有在这种多样性的环境中才能真正地开展对话和交流，才能从不同的角度对某一个问题展开讨论，同时通过合作学习让能力较低的同学得以迅速提高。在合作学习过程中，所有的学生都有平等的参与机会。例如，在小组活动过程中，教师不但应该让成绩好的学生发挥自己的作用，也应该设定让英语能力比较弱的学生参与的课题。同时，教师在指定发言人的时候也必须照顾到能力比较弱的同学。

2. 合作学习原则与跨文化交际的融合——以口语教学为例

（1）选择合适的口语教材。学习的过程就是学生不断投入和产出的过程。在合作学习过程中，为了使彼此的交流持续进行下去，让对方能够理解自己的意思，学生就必须寻找一种让对方比较容易理解的表达方式（对对方而言是投入）。同时，在寻找这一表达方式的时候，学生也同样必须给自己寻找一种能让自己满意的表达方式（对自己而言是产出）。这样，在合作学习过程中，学生就同时进行投入和产出。

在大学英语口语教学的过程中，教师采用合作学习原则应该选择合适的口语教材。当前很多高校所选用的口语教材都偏重于机械化的训练，非常注重学生对于语言知识的积累，却没有重视他们对文化知识背景的了解，忽视了在跨文化交际过程中文化差异导致用语不得体等各方面的影响，造成在实际的交流过程中应用能力无法得到提高的后果。所以，教师在进行大学英语口语教学改革的时候，应该在口语教材的使用上考虑到语言知识和文化知识的融合，需要明确语言技能与文化技能对学生的重要性，在实际的教学过程中教师既可以选择使用当前的口语教材，也可以在现有的口语教材上进行一定的知识拓展，克服教材单一的不利因素。补充的材料既要尽可能地包含对语言知识的传授，也要包含对一些文化差异的介绍，从而让学生了解更多的文化差异。在实际的教学过程中，教师应该积极地组织教学活动，使选择的口语教材能够发挥实际的作用。

（2）改变学生的思维方式。在大学英语口语教学过程中培养学生的跨文化交际能力需要改变他们的思维方式，而合作学习的教学策略与实施原则有着积极的作用，在一定程度促进了学生思维方式的拓展。学生们的思维方式对他们的跨文化交际能力有着十分重要的影响。由于中西方文化的不同，学生在学习英语的过程中，大部分时间会使用中式思维，并且在实际的使用过程中容易给以英语为母语的人造成一定的误解。例如，中国人在初次见面的时候，一般都会问在哪里工作、今年多大等一些比较私人的问题来表达对对方的关心，但是在西方国家，他们认为这侵犯了他们的隐私权，所以在初次见面的时候他们更多的是谈论天气、球赛这些与个人隐私没有关系的事情，不会造成麻烦。因此，在大学英语口语教学中，教师应该积极地让学生了解英语所蕴含的文化知识，培养学生认识并且接受西方国家的思维方式，使学生能够在跨文化交际的过程中学会更加得体、准确的英语表达，进而提高学生的语用能力和跨文化交际能力。

（3）积极地营造学习英语的环境。教师在大学英语口语教学的过程中应该为学生积极地创造一定的语言环境。在课堂上的交际训练越真实，次数越多，就越会给学生创造锻炼机会，从而提高学生的英语口语能力，所以教师应该在课堂上利用一切可以利用的条件，鼓励学生合作学习，让课堂成为学生锻炼英语口语能力的场所，使学生能够将自己所学的知识运用到实践中，进而提高学生的语言能力和语用能力。教师应该在课堂上改变原始的机械背诵的形式，让学生自主地用自己的思维进行思考，如在对话、角色表演等过程中为学生提供开口的机会，让学生进行自由表达。这些实际的训练过程不仅可以加强学生口语表达的能力，还能够使他们对自己所学的内容有更加深刻的印象，从而使学生在课堂上有更多的机会锻炼自己。同时，教师也可以利用一些教室布置使整个教室充满学习英语的氛围，为学生营造一定的学习英语口语的环境。

（4）积极利用现代多媒体技术辅助教学。教师可以充分地利用信息时代的优势，借助现代多媒体技术辅助自己的口语教学。多媒体教学指教师在教学的过程中，根据自己的教学目标以及教学的对象，通过一定的设计，合理地运用现代多媒体技术，结合传统的教学方式来开展自己的教学，进而使自己的教学效果达到最优化。现代多媒体技术包含着非常多样的信息表现形式，并且可以提高教师的教学速度，为学生提供各种各样的训练方式和更多的实践机会。所以，在大学口语教学的过程中，教师可以积极地运用现代多媒体技术来辅助自己的教学，将社会上的一些热点新闻时事带入课堂，让学生能够了解到真正的语言交际，让他们能够置身于学习英语的环境之中，并通过合作学习进行多样性的相互交流。例如，在教学的过程中，教师可以通过小短片的形式为学生介绍英语国家的一些文化特征，让他们了解英语国家人们的生活习惯，学到更多地道的英语，接触到更多的交际语言，丰富他们的文化背景知识。在一个小组中，如果是两个人相互交流，那么这种交流仅仅局限于双方。但是，如果是一个四人小组，那么交流就会有多种形式。人数越多，交流的形式就越复杂。这样，通过小组的合作学习，学生可以学到更多与人交流的经验。

（5）提高学生的心理素质，鼓励他们积极表达自我。在大学英语口语教学过程中，教师应该积极关注并且提高学生的心理素质，鼓励他们积极地表达自己。当前，很多学生都因为自己的语音、音色等各方面的因素而在训练口语的过程中产生自卑的心理，所以教师应该鼓励他们积极地开口，不要怕出丑，用多种多样的方式进行口语教学，营造愉悦、轻松的课堂氛围，并且在教学内容的安排上符合学生的认知规律，使学生在练习的过程中有一定的成就感。同时，教师要时刻关注学生的心理动态，给予客观的评价，使他们在情感上得到一定的支持与鼓励，提高心理素质。教师的帮助关怀关爱以及适当的表扬鼓励能够使学生在训练口语的过程中，勇敢地表达自己，提高自己的口语表达水平。

在合作学习过程中，因为只允许使用英语，所以参加者为了能够融入这个小组，获得大家的承认，就必须想方设法地用英语来介绍自己，表达自己对某些问题的看法，并和同学一起讨论。这个过程也许在刚开始的时候比较困难，但是一旦习惯无疑将极大地提高大家学习英语的兴趣和英语表达的能力。在这一过程中，加入某一个群体并获得这个群体的认同会成为学生学习英语的强大动力，继而形成良性循环，使其不断进步。合作学习并不仅仅是英语的学习过程，更是通过使用英语来交流的过程。如果要实现小组事先确定的目标，就必须加强与同学的沟通，而沟通只能用英语，在这个时候英语就成为相互沟通的唯一手段。通过这种沟通，参与者都能实现提高英语能力的目的，口语水平也会随之得以提升。

（四）情感性原则

1. 以情施教原则

教师在授课时要尽可能引入较为积极的情感，让知识和情感融为一体，实现以情促知、情知交融。因此，教师必须让自己保持积极的情感，从自身出发，带动学生的情感。

2. 寓教于乐原则

教师要尽可能在课堂教学活动中保持学生的快乐情绪。因此，教师必须预测并把握所有变量，让学生乐于学习。同时要注意一点，调节情绪是教师进行课堂教学活动的突破口，不可过度使用调节情绪的手段，从而保证学生的学习状态。

3. 移情原则

人可以将对某人或某物的感情转移到其他与此相关的对象身上，作用在学习方面就是在学生学习的过程中陶冶其情感。英语教学中的移情主要有两个方面：一个是教师的情感带来的影响；另一个是来自教学内容中的情感。学生可能会受到作者或文章中人物的情感的感染。因此，教师可以借此引导学生深入体会作者写作心情，让学生边受到情感的陶冶，边学习语言知识。

（五）对比性原则

在英语教学中，教师应当从语言认知理论的角度出发，结合语言迁移的研究，探讨分析不同语言及其文化间的差异，并进行跨文化教学。所以，在大学英语跨文化教育中，教师需要遵循对比性的原则，即不断引导学生将自己的本土文化与英语国家的文化进行对比，从而分析出二者的差异。语言文化间的对比并非简单基于行为主义的对比分析假说，而应该基于认知心理科学理论，从正负迁移、推论、转换等各方面研究母语对二语、三语的迁移及彼此之间的相互作用，并对比其异同。对比性原则有如下几点意义。

（1）基于多元文化的背景特色，对本土文化、本民族文化及英语文化等不同文化进行对比，有助于加深学生对英语国家文化的理解和认知，让学生逐步了解英语国家的价值观、思维方式、生活习惯、人生观等。这不仅可以避免出现狭隘民族主义，也可以克服民族虚无主义，还有助于提升学生的文化理解能力。

（2）通过对比不同的文化，学生可以将本民族文化代入英语国家文化，形成文化思考能力，辨别其中的文化是否可以接受。通过文化之间的对比，吸收各文化中的精华，这样既可以培养自身的英语思维，提升语言交际能力，还可以形成民族身份意识和文化自觉，避免出现"中国传统文化失语症"，提升跨文化交际能力。

（3）通过对两种文化的对比，学生可以更深刻地了解每一种不同的文化，这既有利于学生学习其他语言文化知识，减少交际障碍的出现，还可以提升其跨文化意识以及交际能力。

第二节 大学英语教学中跨文化交际能力的培养

一、大学英语跨文化交际能力培养概述

对于跨文化交际能力培养来讲，跨文化是交际的基本要素。大学英语跨文化交际能力的培养是将英语语法学习和文化学习逐渐融为一体，养成跨文化意识。跨文化交际大多是为了达到具体的交际目标，运用专业的语言知识以及交际方式完成指定的任务。大学英语跨文化交际能力更倾向于对国际化人才的培养，提升学生未来社会职业发展以及自身发展的基本能力，帮助学生矫正对文化交际的偏见。跨文化教学以学生自身已有的知识体系和经验为教育基础，将跨文化交际意识与大学英语课有机地结合，进而推动大学英语文化知识的学习进程。教师通过课堂教学培养大学生的跨文化交际能力，采取不同形式的教学方法提升学生对跨文化交际知识的认知与掌握程度。高校应增加大学生课外英语跨文化交际的主题活动，激发学生对跨文化交际知识学习的自主性和积极性，从而提升大学生的综合文化素质。高校还要加强英语跨文化交际能力培养的师资力量，组织教师统一学习跨文化交际的教学理论，使其转变自身传统的教学观念，有效地开展跨文化交际能力的教学课程。教师要加强对学生双向跨文化意识的培养，在跨文化交际意识的培养中宣传我国优良传统文化，弘扬民族美德，从基础上提升学生跨文化意识。教师利用课外主题活动，带领学生参与实践互动，对培养学生跨文化交际能力有着至关重要的作用。教师应将跨文化交际能力的培养与大学英语课程融合在一起，围绕文化知识和语言运用进行重点教育。教师还要不断改进英语跨文化交际的教学方法，提升课堂的效率，调动学生自主学习的积极性，鼓励学生主动探寻文化背景知识，从而提升课堂教学效率；充

分挖掘英语跨文化交际教材的内容，从科学角度出发，让学生更加全面完整地了解各国之间的文化差异，提升学生对文化差异的认知。不同地区的文化差异对思维方式也有极大影响，在跨文化交流中很容易出现误会，所以我们必须注意培养学生的思维方式。教师在教学中要根据学生的认知能力逐渐扩大跨文化知识内容的范围，扩展学生的视野，提升其鉴别文化差异的能力，培养学生的跨文化交际能力。

二、大学英语跨文化交际能力的培养体系

（一）确立大学英语跨文化交际能力的培养目标

1. 语言能力

大学英语教学的主要目的是让学生能够利用英语进行交际，而交际的基础是语言能力。学生不仅需要掌握英文的写作，更应该掌握英文的听说，这才是交际的主要构成部分。在实际的教学过程中，教师不仅需要向学生传授语法知识，教会学生如何写作，更应该向学生传授语用知识，教会学生如何将所学的知识运用于口语。当然，语言能力的培养不仅局限于这些。想要进行跨文化交际，还必须理解不同文化之间的差异，这样才能够避免在交际中出现各种尴尬的情况，使交际能够顺利地进行。学生交际能力的培养让学生自如处理交际中的各种问题，并且成功传达自己想表达的信息，从而完成交际的基本功能。

2. 思维能力

无论是哪个学科，培养学生的思维能力都是必不可少的。在英语教学中，教师培养学生的思维能力，能够帮助学生站在对话者的角度思考各种问题，从而使其能够体会到对话者之间的各种情感，由此做出各种合理的应答，因此培养学生思维能力是完善交际的重要手段。

3. 行为能力

行为能力是对行为规范的理解、对行为冲突的处理以及对各种跨文

化交际中出现的问题进行解决的能力。跨文化交际中两方的文化背景各有不同，如果一方在交际过程中提到了令对方不适的话题，或者做出了触犯对方禁忌的动作，就会使交际失败。所以，为了保证跨文化交际的顺利进行，交际者必须保持良好的行为，从而避免尴尬情况的出现。

4.社会性发展能力

社会性发展能力主要指文化适应能力和建立人际关系能力。不管是相同文化下的交往还是不同文化下的交往，第一步都是建立起友好的人际关系。但是，交流双方的文化背景差异往往会导致各自语言习惯和行为方式的不同，而为了完成交际，双方需要在交际过程中迎合对方的需求，短暂地改变自己的文化习惯。

（二）提高教师队伍的职业素质

要想培养大学生的跨文化交际能力，提升大学英语教学的效果，教师队伍的职业素质是成功的关键。要想培养学生的跨文化交际能力，教师自身首先要拥有较强的跨文化交际能力，有较高的文化素养。有条件的学校可以将相关的英语教师送往国外进修，使教师具体了解西方国家的文化背景，更加熟悉交流中的规则，从而提高自身的职业素质以及跨文化交际能力。一般的学校要想提高教师的跨文化交际能力，不妨采用"请进来和走出去"的方法，请外教或者跨文化交际能力较强的人对教师进行培训，分享资源和经验，这也是提高教师队伍职业素质的有效方法。

（三）优化跨文化交际能力培养的方法和手段

1.课程设置满足学生的需求

高校课程的设置直接影响大学英语教学的效果，也影响大学生跨文化交际能力的培养。近年来，我国高校对于课程的设置普遍都进行了尝试，纷纷设计了各种各样的大学英语课程，如英美报刊选读、实用职场英语、美国文化简介等。大学英语课程的多样化能够满足不同学生的不同要求，课程涵盖听、说、读、写等多个方面，能够有效培养学生各方面的能力，为学生的跨文化交际能力奠定基础。多种类的英语课程为学生了解英美文化、了解不同文化之间语言和行为的习惯提供了更好的契机，从而开阔了学生的文化视野，使学生在进行跨文化交流时能够应付自如，很好地避免各种不礼貌的现象。

2. 改革教材内容

作为教学的核心，教材的内容决定了英语教学质量，也决定了大学生跨文化交际能力培养效果。除了使用通用大学生英语教材之外，许多学校还采用了很多其他教材，借此促进学生了解英美文化，满足学生多方面的需求。其中的一些教材具有丰富多彩的内容，涉及文化各个层次和层面，充满时代气息，具有较高的真实性、趣味性和启发性，既可以调动学生的学习积极性和求知欲，又可以提升学生的认知水平。此外，教材搭配的电子文本还可以满足不同对象在不同阶段的学习需求。

3. 创新课堂教学方式

想要培养跨文化交际的能力，学生就需要了解英语中的各种文化知识，而现有的基础英语教学难以满足这种需求，因此在教学过程中要注重对于高级英语的教学，如对于各种谚语、俚语的解释和运用，从而让学生了解这些谚语或者俚语的内涵，这样学生在交际的过程中才不会用错，才不会闹出各种笑话。要想让学生了解中西文化之间的差异，不妨将两者放在一起从各个角度进行对比，这样学生才能够有更直观的认识，也能够迅速提高跨文化交际的能力。具体来说，教师可以通过教材中的各种细节挖掘中西方文化背景的差异和特点，将这些细节罗列出来供学生参考，提高学生对文化差异的敏感度，同时帮助学生了解异域风情，了解西方文化中不同动作、不同语言的含义，从而有一个整体的把握。再者，在教学过程中，教师不妨通过情境模拟来提高学生对课程的兴趣，也让学生在参加模拟的过程中对所讲授的知识有更充分的了解。例如，在口语课堂上，教师可以让学生表演一段莎士比亚的戏剧，通过戏剧中的台词来体会人物的心情，了解各种俚语的含义，增加对西方文化的认知。这样将课本上的理论知识运用于实际之中，使学生有更深刻的见解，更容易将新的知识内化到自己的知识体系之中。

4. 通过文化知识教学，培养学生的社会性发展能力

为了在实际的教学过程中切实提升学生的跨文化交际能力，教师必须以专门的文化知识教学协助学生建立起基础的文化知识框架，并培养学生的社会性发展能力。如果教师仅借助教材课文里的片段来实施教学，学生就很难对西方文化形成全面系统的认知，也难以提升自身的跨文化交际能力，所以开设专门的文化知识课程是非常必要的。

通过专门的文化知识教育课程，学生可以更加系统地了解西方国家的历史、宗教、习俗和文化等方面的内容，从而更加深刻地理解西方人的价值观念、思维方式、行为方式等。学生在掌握这些拓展知识之后，便可以在跨文化交际过程中对不同文化在语言和行为等方面的内涵烂熟于心，才能表现得更加得体，才能游刃有余地处理交流中的障碍。

5. 创新改革评估体系，实现跨文化交际能力的多元评价

纵观我国大学英语的教学评估，很多学校的教学评估手段都过于单一，不仅评估教学的结果不准确，而且很容易挫伤学生学习的积极性，不利于新时代高素质学生的培养。要想培养学生的跨文化交际能力，就必须改革现有的评估体系，实现对跨文化交际能力的多元评价。要想改革评估体系，不妨从以下五个方面入手。

（1）评估学生的语言能力。除了大学英语口语教学外，大学英语的其他教学项目几乎没有对学生语言能力的评估，很多学生可以写但是不会说，而在实际跨文化交往的过程中，人们的交流更多是以交谈为主，以书信为辅。因此，我们必须加强对学生语言能力的评估，促进学生表达能力的提升，激发学生的写作热情而切实提高大学生的跨文化交际能力。

（2）考查学生的思维能力。尽管在各种课程的教学中对学生思维能

力的培养都是必不可少的，但是我们很少考查学生的思维能力。思维能力作为一个抽象的概念，往往难以考查，也难以评定，但是要想提高学生的跨文化交际能力，就必须帮助学生提高思维能力，使学生能够正确地处理各种问题。例如，在跨文化交际中，谈同一话题时双方拥有不同的意见，如何去说服对方同意自己的意见，而又不通过激烈辩论的方式？这对学生思维能力的要求就很高了。

（3）考查和评价学生的行为能力。跨文化交际不仅有语言交流，肢体动作也十分重要。在不同的文化背景中，不同的肢体语言往往也可能有着不同的含义，当代大学生在进行跨文化交流时要避免做出一些会让对方产生不快的行为。学生可以在行为能力考查和评价中快速认识到什么是不恰当的行为，从而在跨文化交际环境里应对得更加灵活，在面对复杂的交流情况时快速选择更加得当的处理方式。

（4）考查学生的社会性发展能力。社会性发展能力是组成跨文化交际能力的重要部分，将直接关系到跨文化交际的成败，因此整个大学英语教学过程都应该加强对学生社会性发展能力的培养，在课程结束时也要加以相应的考查。考查的目的是让学生在社会性发展能力的培养上投入更多的精力，注重不同文化之间的差异性和多样性，在跨文化交际时能够暂时改变自己的文化属性，从而进行顺畅的跨文化交际。

（5）构建大学英语跨文化交际能力培养的环境。要想培养大学生跨文化交际能力，仅仅通过课堂上的努力还是不够的，还应在整个校园内构建出大学英语跨文化交际能力培养的环境。具体来说，学校可以充分利用各种资源构建大学英语跨文化交际能力培养的环境。如今，网络已经深入人们生活、学习的方方面面，大学生也不例外，甚至大学生对于网络有着更深的依赖。因此，在大学英语教学的过程中，学校不妨构建英语学习的网站或者论坛，实时提供各种双语新闻以及各种影视资源的下载，或者对学生英语方面的疑问进行解答。微信是学生喜闻乐见的交流工具，学校也可以在微信上创建相应的公众号，让对英语有兴趣或者有疑问的学生来关注，对学生提出的各种问题予以回复，甚至可以请外教来与学生进行沟通交流，这样的交流方式既方便又快捷，能够在很大程度上帮助学生培养自己的跨文化交际能力。

第三节　大学英语跨文化教学的应用

大学英语教学是高等教育的有机组成部分，大学英语课程是大学生的一门必修基础课程。大学英语是以外语教学理论为指导，以英语语言知识与应用技能、跨文化交际和学习策略为主要内容，并集多种教学模式和教学手段为一体的教学体系。大学英语的教学目标是培养学生的英语综合应用能力，特别是听说能力，使他们在今后的工作和社会交往中能用英语有效地进行口头和书面的信息交流，同时增强其自主学习能力，提高其文化素养，以适应我国社会发展和国际交流的要求。

各高等学校应当根据实际情况，结合本校的大学英语教学目标设计出各自的大学英语课程体系，将综合英语类、语言技能类、语言应用类、语言文化类和专业英语类等必修课程和选修课程有机结合，以确保不同层次的学生在英语应用能力方面得到充分的锻炼和提高。大学英语课程不仅是一门语言基础知识课程，还是拓宽知识、了解世界文化的素质教育课程，兼具工具性和人文性。因此，设计大学英语课程时，应充分考虑对学生文化素质的培养和对国际文化知识的传授。

以海南师范大学为例。1998 年，海南师范大学英语教学改革迈上新台阶，从应试教育走向素质教育；2002 年，该校英语教学理念、教学方法改革，英语教学目标从注重培养阅读能力转变为重视培养语言综合运用能力；2006 年，海南师范大学成为大学英语教学改革示范学校，大学英语教学目标上升到"培养学生英语综合运用能力和跨文化交际能力"；2009 年，海南师范大学的大学英语课程被评为精品课程，之后的精品课程建设主要任务之一就是构建基于跨文化交际的"大学英语教学模式"。跨文化交际大学英语教学模式是该校大学英语教学改革的延伸，其课程体系构建是多年教学改革理论研究与改革实践的结果，以跨文化交际能力培养为视点，整体构建了跨文化交际大学英语教学模式。按照这一模式设计的课程体系分为两个部分：语言基础系列课程、跨文化应用系列课程。海南师范大学的教学实践情况见表4-1。

表4-1 海南师范大学英语教学实践

教学实践对象	学生
语言课程	应用课程、文化课程
教学内容	听、说、读、写、译，知识文化、交际文化
教学环境	单机或网络，多媒体教室，海师大校园或海外假期实习
教学方式	自学 + 面授实践 + 体验 + 辅导

一、教学原则

跨文化交际能力的培养必须借助一定的教学实践。为此，制定教学目标、确定教学内容、选定教学材料、设计课堂活动都要遵循科学的教学原则。

（一）制定教学目标要遵循的原则

（1）既有总体目标，又有个性化目标。

（2）根据《大学英语课程教学要求》确定总体教学目标。

（3）通过需求分析，确定本校个性化教学目标，满足学生需求。

（4）所有目标必须符合时代特点。

（5）培养掌握双语言文化的人才是确定总体目标和个性化目标的基础。

（二）确定语言教学内容要遵循的原则

（1）以《大学英语课程教学要求》和需求分析为依据确定教学内容。

（2）语言内容应与文化内容相辅相成。

（3）尽量选择有文化内涵的语言项目。

（4）内容典型，重点突出，不应增加学生的学习负担。

（5）语言教学内容难度参考克拉申"i+1"原则。

（三）确定文化教学内容要遵循的原则

（1）文化内容应与语言内容相辅相成。

（2）交际文化内容优先于知识文化内容。

（3）选定典型文化差异内容，减少文化负迁移。

（4）选定两种文化相通的内容，充分利用文化正迁移。

（5）构建开放式文化内容体系，鼓励学生接触不同的文化观点和价值观念。

（6）文化内容要有正确导向，帮助学生克服民族中心主义。

（7）文化教学既要包括语言技能和交际策略训练，又要包括学生人文素质的培养。

（四）使用教材要遵循的原则

（1）引进理念先进、语料真实的国外教材。

（2）采用优秀的国内教材。

（3）自行编写符合本校教学要求的教材。

（五）课堂语言教学要遵循的原则

（1）听、说、读、写、译齐头并进，全面发展。

（2）在认知语言规则的基础上进行操练，创造有意义的学习情境。

（3）课堂教学以学生为中心、以教师为指导。

（4）创造活跃、轻松的课堂气氛，鼓励课堂互动。

（5）让学生了解每一个课堂活动的目的，思考参与课堂活动所获得的经验和感受。

（6）考虑学生的个体差异，采取灵活的对策引导学生积极参与活动。

（7）充分利用网络多媒体等高科技手段，使英语教学情境化和交际化。

（8）综合运用语言交际活动的八种要素：①情境；②功能；③意念；④社会、性别、心理作用；⑤语体；⑥重音和语调；⑦语法和词汇；⑧语言辅助手段。

（9）使用真实语篇培养学生的交际能力。

（10）强调运用目标语进行交际训练。

（11）为学习者提供机会，使其不但重视语言，而且重视学习过程本身。

（12）将课堂学习与课外语言活动紧密结合起来。

（13）适时地对学生的语言错误进行分析和疏导。

（六）课堂文化教学要遵循的原则

（1）在课堂设计中融入"合作式学习""研讨式学习"的教学理念。

（2）设计丰富多彩的第二课堂文化实践与体验活动，增加学生进行体验式学习的机会。

（3）根据文化教学特点、学生学习风格、教学条件等因素，灵活运用教学方法。

二、教学目的

应用视角下的英语教学以提高语言应用技能为目标，对学生进行听、说、读、写、译五个方面的技能训练，以提高学生的英语综合应用能力；跨文化交际视角下的英语教学则注重学生整体沟通能力的建构，语言技能作为沟通能力的一个方面，包含在宏观的能力和素质之中。同时，根据我国最新的大学英语教学大纲《大学英语课程教学要求》，综合两种视角下的英语教学，海南师范大学制定的大学英语教学大纲中确定了总体教学目标：培养学生的跨文化交际能力。因此，在培训语言基本技能的英语教学过程中添加文化内容，增设文化知识的课程、跨文化交际课程、双语文化类课程等已成为必要之举。根据跨文化交际能力的构成内容、大学英语课程的教学目标以及课程体系特点，跨文化交际大学英语教学的目的主要有以下几个方面。

（一）培养学生的英语综合应用能力

就英语的语言教学性质而言，应从语言能力、语言技能和语言运用等方面对学生进行培养。根据新生入学的英语水平、摸底测试结果和专业特点、就业需求、继续深造需求等，海南师范大学除了确定适合学生的英语培养目标外，还从《大学英语课程教学要求》中选取了适合具体情况的较高要求，列入《海南师范大学大学英语教学大纲》。按照"较高要求"从听、说、读、写、译、词汇六个方面确定教学内容，决定教学策略和方法，开设相应的课程，以提高学生的英语综合应用能力。海南师范大学大学英语教学的具体要求如下。

1. 听力理解能力

能听懂英语谈话和讲座，能基本听懂题材熟悉、篇幅较长的英语广播和电视节目，语速为每分钟 150 ～ 180 词，能掌握其中心大意，抓住要点和相关细节，能基本听懂用英语讲授的专业课程。

2. 口语表达能力

能用英语就一般性话题进行比较流利的会话，能基本表达个人意见、情感、观点等，能基本陈述事实、理由和描述事件，表达清楚，语音、语调基本正确。

3. 阅读理解能力

能基本读懂英语国家大众性报纸杂志上一般性题材的文章，阅读速度为每分钟 70～90 词。在快速阅读篇幅较长、难度适中的材料时，阅读速度要达到每分钟 120 词。能阅读所学专业的综述性文献，并能正确理解其中心大意，能抓住主要事实和有关细节。

4. 书面表达能力

能基本上就一般性的主题表达个人观点，能写所学专业论文的英文摘要，能写所学专业的英语小论文，能描述各种图表，能在半小时内写出不少于 160 词的短文，内容完整，观点明确，条理清楚，语句通顺。

5. 翻译能力

能摘译所学专业的英语文献资料，能借助词典翻译英语国家大众性报刊上题材熟悉的文章，英译汉速度为每小时约 350 个英语单词，汉译英速度为每小时约 300 个汉字。译文通顺达意，理解和语言表达错误较少。能使用适当的翻译技巧。

6. 推荐词汇量

掌握的词汇量应达到约 6 395 个单词和 1 200 个词组（包括中学和一般要求应该掌握的词汇）。其中，约 2 200 个单词为"积极词汇"。

（二）培养学生的跨文化交际认知能力

英语综合应用能力是跨文化交际能力的一部分。大学英语教学的终极目标是培养学生的跨文化交际能力。跨文化交际能力是成功进行跨文化交际所需要的能力，即与不同文化背景下的人们进行有效的、适宜的交际的能力。跨文化交际能力有三个基本因素：认知因素、情感因素、行为因素。这里的认知因素指跨文化意识，即人们在理解本国文化和外国文化的基础上形成的对周围世界认知上的变化和对自己行为模式的调整。情感因素是指跨文化交际过程中人们的情绪、态度和文化敏感度。行为因素指的是人们进行有效的、适宜的跨文化交际行为的各种能力和技能，比如，获取语言信息和运用语言信息的能力，如何开始交谈，在交谈中如何进行话题转换，以及如何结束交谈，等等。跨文化交际过程中的认知，是指人在特定交际环境中处理和加工语言和文化信息的过程。

跨文化认知能力是获得跨文化知识、跨文化交际规则以及提高跨文化交际意识的基础，包括文化认知能力和交际认知能力。在跨文化交际大学英语教学中，我们应该优先培养学生的跨文化认知能力。

1. 文化认知能力

文化认知能力是指在了解母语和目的语双方文化参照体系的前提下，所具备的跨文化思维能力和跨文化情节能力。跨文化交际要求交际者既了解自己所在文化体系的文化习俗、价值观念、思维模式和行为取向，又了解目的语文化的相关知识。

只有了解双方文化的参照体系，交际者才可以在跨文化交际语境中调整自己的行为模式，预测交际对象的行为取向，为有效交际做准备。跨文化思维能力是指交际者在了解交际对象的思维习惯的基础上，能够进行跨文化的思维活动，是高层次的跨文化交际能力。在交际过程中，交际主体的认知对象主要是组成沟通环境的各种事物，即交际行为发生在一定的语境中。

2. 交际认知能力

交际认知能力既包括对目的语交际模式和交际习惯的了解，也包括对目的语语言体系、交际规则和交际策略的掌握。大学英语教学的主要内容是语言，掌握语言知识和应用规则是重要的教学目标之一。由于各文化体系中人们的价值取向不同，因此，交际规则差别很大。如果不了解对方文化的交际规则，即使正确使用目的语，也不一定能取得交际效果。因此，外语学习者只有了解交际对象在文化方面的交际规则，学习其交际策略，才能在行为层面上表现出跨文化交际能力。

（三）培养学生跨文化情感能力

《心理学大辞典》对"情感"的定义如下：情感是指人对客观事物是否符合自己需要而产生的态度体验。情感反映的是具有一定需要的主体与客观事物之间的关系，是对客观世界的一种特殊的反映形式，属于心理现象中的高级层面，能够影响到认知层面的心理过程。情感、态度和动机能够影响人们对事物的认识及其解决问题的方式。交际过程中的跨文化情感能力主要指交际者的移情能力和自我心理调适能力。

1. 移情能力

培养学生的移情能力是指培养学生克服民族中心主义的能力、换位思考能力以及形成正确交际动机的能力。作为文化群体的一员，交际个体往往具有民族中心主义的倾向，以本民族文化为标准来评价其他文化，对其他文化存在文化思维定势、偏见和反感情绪。培养跨文化交际能力的课程能够增加学生对其他文化的认识，提高他们的跨文化交际意识，帮助其消除民族中心主义思想。

2. 自我心理调适能力

在跨文化交际语境中，交际主体会因文化差异而产生心理焦虑或心理压力，例如，文化休克。因此，培养学生的自我心理调节能力（包括遇到困惑和挫折时，自我减轻心理压力的能力）、对目的语文化中不确定因素的接受能力和保持自信和宽容的能力是重要的文化教学目标。

（四）培养学生的跨文化行为能力

跨文化行为能力是指人们进行有效的、适宜的跨文化交际行为的各种能力，比如，正确运用语言的能力，通过非言语手段交换信息的能力，灵活地运用交际策略的能力，与对方建立关系的能力，掌控交谈内容、方式和过程的能力，等等。跨文化交际的行为能力是跨文化交际能力的最终体现。跨文化行为能力的形成以认知能力和情感能力为基础。在跨文化交际大学英语教学过程中，着重培养学生的三种跨文化行为能力：言语行为能力、非言语行为能力和跨文化关系能力。

1. 言语行为能力

言语行为能力的基础是语言能力和语言行为。语言能力包括词法、语音、语法、句法、语篇等语言知识，语言行为是正确使用语言的能力。因此，我们应该从跨文化交际的角度培养学生的言语行为能力，使学生了解目的语言词汇的文化隐含意义、句法构成习惯以及篇章结构布局等。

2. 非言语行为能力

培养学生的非言语交际能力，提高他们的沟通能力。非言语交际行为包括肢体动作、身体姿态、面部表情、交流体距、语音语调等。在交际中，非言语交际行为所传递的信息量远远超过言语行为。

3. 跨文化关系能力

培养学生的跨文化关系能力，保证跨文化交际的顺利进行。跨文化关系能力包括与目的语言文化交际对象建立并保持关系的策略能力，在不同的交际情境中的应变能力。语言综合应用能力、跨文化认知能力、跨文化情感能力和跨文化行为能力构成了跨文化交际能力的主体，是跨文化教学的重要目标。这些能力需要通过跨文化交际课程体系来实现。

三、教学内容

综合全国大学英语教学大纲《大学英语课程教学要求》的内容和跨文化交际能力的构成要素，海南师范大学设计了一个基于跨文化交际的大学英语教学大纲，即《海南师范大学大学英语课程教学大纲》，界定了授课内容，同时为大学英语课程建设提供了蓝本。

（一）语言基础教学内容

1. 语法结构项目

（1）词语层面：名词、代词、限定词、数词、被动语态、短语动词、不定式、现在分词、动名词、过去分词、情态动词、虚拟语气、介词、形容词、副词等。

（2）句子层面：句型、句子成分、名词从句、直接引语、间接引语、形容词从句、同位语、副词从句等。

（3）超语句层面：并列结构、插入语、倒装语序、强调、省略、替代、标点符号等。

2.功能意念项目

（1）寒暄：问候、告别、称呼、介绍、致谢、道歉、同情、祝贺、邀请、提议等。

（2）态度：愿意、责备、抱怨、允许、同意、建议、命令、相信、怀疑、认定、承诺等。

（3）情感：高兴、担忧、焦虑、惊奇、满意、失望、恼怒、恐惧等。

（4）时间：时刻、时段、频度、时序等。

（5）空间：位置、方向、距离、运动等。

（6）计量：长度、宽度、深度、容量、速度、准确度、平均值、比率、比例、最大限度、最小限度等。

（7）信息：定义、解释、澄清、争辩与叙述、描述、演示、概括、结论等。

（8）关系：对比、比较、相似、差异、所属、因果、目的、让步、真实条件、非真实条件、假定、假设、部分和整体关系等。

（9）计算：加、减、乘、除、增加、减少、百分数等。

（10）特性：形状、颜色、材料、规格、功能和应用等。

3.语言技能项目

（1）听力技能6项：①辨别音素；②辨别重音；③辨别语调类型；④理解话语的交际功能；⑤理解语篇的主题或大意；⑥领会说话人的思想、态度或意图。

（2）口语技能 7 项：①标准语音语调；②善于提问和回答；③复述故事或短文；④就日常生活话题进行对话；⑤口头作文；⑥采访；⑦即兴简短讲演。

（3）阅读技能 10 项：①理解主题和中心思想；②辨认关键细节；③区分事实和看法；④推论；⑤得出结论；⑥略读以获取文章大意；⑦快读以查找特定信息；⑧利用上下文，猜测生词或短语的含义；⑨理解句子内部关系；⑩参阅附加信息。

（4）写作技能 7 项：①句子写作；②段落写作；③篇章写作（描写文、记叙文、说明文、议论文、应用文）；④写提纲；⑤写摘要；⑥做笔记；⑦有提示和无提示即兴作文。

（5）翻译技能 6 项：①直译；②意译；③直译兼意译；④成语典故翻译；⑤合同条文翻译；⑥校对。

（二）文化嵌入与文化教学内容

1. 文化行为项目

（1）生活必需：穿衣、就餐、住宿、购物、出行、医疗、保健等。

（2）人际关系：称呼、寒暄、介绍、打电话、写信、邀请、接受、拒绝、拜访、会客、聚会、帮忙、交友、送礼、祝贺、告别等。

（3）娱乐消遣：看电影、观剧、游览、看电视、欢度节日、听音乐、体育活动等。

（4）情感态度：兴奋、快乐、愤怒、哀伤、沮丧、厌恶、惊讶、遗憾、怀疑、感谢、同情、赞扬、肯定、否定、服从、妥协等。

（5）观点意见：讨论、评论、征求意见、建议、同意、反对、中立等。

（6）个人情况：年龄、收入、学历、婚姻状况、政治立场等。

（7）时空意义：身体触碰、人际距离、时间划定、时间观念等。

（8）家庭生活：家庭团聚、家务分工、家庭纠纷、家庭开支、亲属往来、长幼代沟等。

（9）婚姻习俗：恋爱、结婚、婚变、生育等。

（10）知识教育：学校教育、社会教育、校园生活、课外活动等。

（11）社会职责：求职、行业规定、职业准则、公务活动等。

（12）宗教活动：宗教派别、宗教教义、宗教仪式、宗教节日、宗教禁忌等。

2. 文化心理项目

（1）社会价值观念：个人与集体、社会与国家、竞争与和谐、权威与平等。

（2）人生价值观念：成就、苦与乐、义与利、金钱、友谊等。

（3）伦理观念：孝顺、礼义、谦恭、忠诚等。

（4）审美观念：审美观照、审美经验、审美情趣等。

（5）自然观念：天人合一、天人相异、战胜自然、适应自然等。

3. 跨文化交际因素

（1）全球化语境。

（2）文化对语言的影响。

（3）文化对交际的影响。

（4）跨文化交际障碍：心理障碍、民族中心主义、文化定势与偏见、语言障碍等。

（5）跨文化言语交际。

（6）跨文化非言语交际。

（7）文化价值观。

（8）文化多样性。

四、教材的选择

为了达到教学目标，海南师范大学开设了两类课程：大学英语基础课程（必修课程）、文化与跨文化交际类课程（选修课程）。前者旨在培养学生的语言综合应用能力，后者着重培养学生的跨文化交际能力。

两类课程选用了不同的教材。

（一）大学英语基础课程教学教材

大学英语基础教学阶段以培养学生的语言应用能力为基本教学目标，教学内容以词汇、语法、篇章、语用为主。为避免语法教学中出现语言与文化脱节的现象，该校引进以功能、意念大纲为编写原则，以丰富的跨文化交际语料为内容的国内优秀的大学英语教材，包括《新视野大学英语》系列教材（外语教学与研究出版社）和《大学英语全新版》系列教材（上海外语教育出版社）。

这几部教材以交际教学法为指导，突出教学过程中跨文化交际能力的培养，在内容方面实现了语言材料与文化内容的融合。教材不仅包括实用性强且生动有趣的语言材料，还包括大量真实的图片与英语国家丰富的文化资料，可以开阔学习者的视野。《新视野大学英语》为教师提供了网络教学平台，便于学生采取自主学习模式，使学习更富有趣味性、自主性，易于实现体验式学习和合作式学习。

（二）文化与跨文化交际类课程教学教材

《新视野大学英语》主要是关于地理、文化方面的知识，并配有视频，为学生提供了体验跨文化交际的机会。学生不但可以享受生动有趣的学习过程，还可以通过录像节目深入了解不同国家和地区的方方面面，从而提高自己的文化素质。《大学英语全新版》覆盖了听、说、读、写、译各方面的教学内容，其知识性、趣味性和实用性极强，不失为大学英语的经典教材。

五、课程设置

海南师范大学英语跨文化教学大纲规定，以培养跨文化交际能力为教学目的。根据这个教学目的，海南师范大学结合课程设计理论，构建了完善的课程体系。该体系由两个教学阶段的课程构成：语言基础教学阶段课程体系和跨文化交际与应用阶段课程体系。

（一）语言基础教学课程体系

大学英语基础教学课程是必修课程，共计6学分。在大学英语基础教学阶段，英语教学突出对语言基本技能的培养，实施大学英语分类、分级教学动态管理机制。为了达到上述要求，需开设大学英语视听说网络自主学习课程（包括视听、口语、文化等）和大学英语第二课堂等。

1.海南师范大学大学英语视听说网络自主学习课程

学生可利用课后时间去自主学习中心学习视听说网络自主学习课程，每学期有50小时免费上机时间。目前，海南师范大学的网络自主学习中心是海南省规模最大的，学习资源丰富，学习终端遍布各个校区。学生可以随时随地上网学习，在网上对英语听说技能进行交互式操练。教师通过校园网对学生的学习情况，包括学习进度、学习级别、学习效果以及学习方法等进行监管和指导；在网上布置听、说、读、写、译作业，包括口语活动的话题，解答学生提出的问题；提供教材之外的学习资料。视听说采取开放式自主学习的方式。

该校制定了一套自主学习程序，以完善自主学习机制。整个自主学习程序大致可以分为三个阶段。第一，上机自主学习阶段。学生通过自主学习，掌握必要的语言、文化知识和技能。第二，课堂辅导与操练阶段。在听说课堂上，教师对学生的上机学习情况进行检查，组织更多的操练及应用活动。第三，应用与实践延伸阶段。通过大学英语部组织的丰富多彩的第二课堂活动，学生在课堂和上机时所学的知识和技能能够得到进一步的实践和应用。

2.海南师范大学大学英语第二课堂

语言学习是一个实践性很强的过程，课堂教学与课外活动相结合才能取得较好的效果。海南师范大学在这方面做了很多的尝试，例如，举办英语话剧比赛、英语阅读比赛和演讲大赛，鼓励学生开展各式各样的英语学习。另外，还有英语学习校园频道、英语社团等，开展英语听力、口语、写作、演讲、翻译、戏剧表演等竞赛活动，营造浓郁的英语文化氛围，充分调动学生学英语、讲英语、用英语的积极性，为学生英语综合应用能力和跨文化交际能力的提高创造良好的条件。

（二）开设选修的跨文化交际与应用课程体系

跨文化交际类课程与应用类课程包括一系列可选择的必修课程，授课对象是完成了两个学期语言基础学习任务的学生。教学方式包括教师讲授、课堂讨论、学生陈述等。第三、四学期，开设多门可供选择的必修课：大学英语基础课程；大学英语跨文化交际类课程；英语应用类课程，每周 4 学时；额外开设若干门选修课，每周选修 2 学时。第三、四学期，必修课 6 学分，选修课 4 学分。第五、六学期，开设若干门选修课，每周选修课 2 学时，两学期共修 4 学分。跨文化交际类课程以讲授英美文化和跨文化交际知识为主线，用英语授课，教学目的是提高学生跨文化交际技巧和跨文化交际能力。英语应用课程着重培养学生语言应用能力，特别是英语与专业相结合的应用能力，通过培养学生的跨文化交际能力，拓宽其国际视野，提高其就业和深造竞争力。

可开设的跨文化交际类选修课程有：英语演讲技巧、英语影视欣赏、英语诗歌欣赏、英国历史、圣经与希腊神话、西方文化概览、英美文学欣赏、中西文化对比、美国社会与文化、英语国家社会与文化、美国总统就职演说之文化分析、美国外交等。

可开设的英语应用类选修课程：戏剧与影视文学专业英语、哲学专业英语、法律专业英语、管理学专业英语、生化专业英语、普通医学专业英语、口腔医学专业英语、国际商业文化、国际商务英语写作、跨文化商务沟通、商学导论等。

开设以上跨文化交际课程和英语应用类课程的目的是：（1）培养学生的跨文化交际意识及跨文化交际能力；（2）提高学生在交际环境下综合运用语言的能力；（3）培养学生在商务、医学、法律等实践活动中的跨文化交际能力；（4）让学生了解英语国家的整体概况，提高他们的文化认知能力；（5）帮助学生拓宽国际视野，提高他们对国际问题的敏感度。

第五章　跨文化教育视域下大学英语词汇与语法教学

第一节　跨文化教育视域下大学英语词汇教学

一、大学英语词汇教学的意义

倘若将语言结构看作语言构成的基本骨架，那么语言的器官和血肉便是词汇。语言结构必须借助词汇来传达意义，也就是说，只有出现了词汇，语言才会存在，人们才能借助语言来表达思想，完成自身的思维活动，因为人类之间的交流需要由词汇构成的句子来实现，人们在交际过程中说出的每一句话都包含多个词语。因此，只有具备一定的词汇量，才能更好地表达出自身的思想情感，才能听懂他人话语的含义。

纵观人类语言的产生过程，我们可以看出词汇在语言产生的最初阶段对语言交际的作用极为重要，而随着交际内容逐渐复杂化，语法对话语的组织作用变得越来越大。相关学者在研究儿童学习母语词汇的过程时发现，婴幼儿学习母语始于说出词汇和理解词汇，因此理解、积累和运用词汇的能力是语言能力的重要组成部分，只有过了词汇这一关，才能学好语言。

二、大学英语词汇教学中的文化差异

（一）文化在词汇教学中的不可或缺性

在人类的交流中，语言是不可或缺的，它是日常生活的组成成分。但是，在不同的语境下，人们的语言交流方式大相径庭。随着全球范围内不同文化的国家交流愈加频繁，人们面临着更复杂的跨文化交际语境，而不同的语言文化差异势必会产生交际冲突。词汇作为语言的三大要素之一，直接决定着语言交际是否能正常进行。词汇的地位在语言中是其他要素不可比拟的，尤其在语言教学中，词汇教学是最基本也是最重要的内容。当然，语言不仅仅是交流的工具，更是文化的载体。那么，在语言教学中，文化又充当着什么角色呢？由韩礼德等学者的观点可知，文化教学可以帮助学生探索更多与语言文化相关的知识，因此在第二语言教学中，文化应当被置于中心环节。韩礼德还提出了以下观点：其一，跨文化语境中的词汇知识对于准确无误的交际来讲相当重要；其二，掌握第二语言文化知识是在其文化语境中获得有效交流的必备能力；其三，在理解第二语言文化的过程中，所掌握的语言知识和技能可以被学生有效地扩展和应用。①我们可以从以上观点中判断出词汇在语言交际中的重要地位以及语言和文化在词汇教学中的不可或缺性。因此，在当前跨文化交际的语境下，在大学英语词汇教学中引入文化因素是有研究意义的。

（二）中西文化差异在大学英语词汇教学中的表现

众所周知，中西方文化的差异主要体现在以下几个方面：思维方式、历史背景、风俗习惯、地理环境、价值观念、政治体系等。因为中西方文化在各个方面的差异，在学习英语这门第二外语时，学生们很容易对英语词汇的文化内涵产生误解。那么，中西文化差异在大学英语词汇教学中的具体表现是什么？在英语语言学习中，最能体现出文化信息的词汇是文化负载词（culture-loaded words），因为它可以体现出语言浓厚的民族特点和鲜明的文化色彩。文化负载词可分为五种类型：词义对等词、词义交汇词、词义半空缺词、词义空缺词和词义冲突词。除了词义对等词外，其他四种类型的词汇均能体现出英语学习中的中西文化差异现象，因此笔者基于大学英语课堂教学的案例，主要从文化负载词的三种类型（词义交汇词、词义空缺词、词义冲突词）出发，分析学生

---

① 常明慧，段庆春.韩礼德"以语言为基础的学习理论"探讨[J].英语教师，2019，19（13）：22-25.

在学习英语单词、成语、习语时所感受到的中西文化差异。

1. 词义交汇词

中西两种文化既存在着巨大的差异，也存在着部分共性，因此英汉两种语言就必然存在可以相互交汇或者叠盖的词汇，即"词义交汇词"。词义交汇词包含两类：同义异形词和同形异义词。同义异形词是具有相同或者相似含义的单词和短语，其在英汉两种语言中采用不同的表达方式。大学英语单词大部分属于这种类型，同时，不少英语俗语和成语，与汉语词汇也出现了同义异形的交汇现象。表5-1中所列举的例子就属于同义异形的英汉交汇词。

表5-1　大学英语词汇中常见的同义异形词

序　号	汉　语	英　语
1	如鱼得水	like a duck to water
2	像蠢猪一样	as stupid as a goose
3	雨后春笋般涌现	spring up like mushrooms
4	狼吞虎咽	eat like a horse
5	拦路虎	a lion in the way
6	害群之马	a black sheep
7	爱屋及乌	Love me, love my dog.
8	水中捞月	fishing in the air
9	未雨绸缪	While it is fine weather, mend your sail.
10	挥金如土	spend money like water

同时，同形异义词在大学英语单词和短语中也很常见。笔者从动植物、数字、颜色三个方面探讨在英语和汉语中具有不同文化含义的相同词汇，也就是同形异义词。表5-2所列举的例子就属于同形异义的英汉交汇词。

表5-2　大学英语词汇中的同形异义词在英汉文化中的含义对比

类　别		汉语中的文化含义	英语中的文化含义
动植物	dragon	怀有至高无上的尊重，是中华民族的象征	是一种喷烟吐火、凶残可怕的怪物，是灾难的象征
	bat	是幸福吉祥的象征、大吉大利的前兆	是一种邪恶的动物
	owl	与凶兆有关，象征倒霉的事情。"夜猫子进宅"更意味着厄运将要到来	是智慧的象征
	dog	仗势欺人、令人讨厌的人	忠诚的动物，可以用来比喻人
	rose	美丽却带刺的女人	神秘而静默的爱情
颜色	red	热情似火或喜庆之事	潜在的风险和极端主义
	blue	严肃、纯洁、静穆	沮丧、消沉、下流之事
	green	绿色、希望	没有经验的人
	white	恐怖、死亡、葬礼	纯洁、天真、无瑕
数字	six	顺利无阻、百事顺心	不吉利
	eight	财源滚滚	不吉利
	ten	美不可言	不吉利
	thirteen	不吉利	唯恐避之不及的凶数

2. 词义空缺词

所谓词义空缺词，就是一种语言所具有的特定文化含义，在另外一种语言中表现为空缺。当在汉语中无法找到英语词汇所对应的意思时，称之为"词义空缺现象"。中西方文化在生活环境、生活经验、风俗习惯、宗教信仰、世界观、思维方式等方面的差异所引起的词义空缺，在大学英语词汇教学中是十分常见的。笔者将在英语词汇中出现的词义空缺词分为音译词、直译词和音译直译结合词等几类。这些词在汉语中可以被称为"外来词"，使用音译等翻译方法引入汉语词汇。表5-3所列举的例子属于英语词汇在汉语文化中出现空缺含义的几种类型：音译词汇、直译词汇、音译与直译结合词汇。

表 5-3　英语词汇在汉语文化中出现空缺含义的类型

音译词汇		直译词汇		音译和直译结合词汇	
英　语	汉　语	英　语	汉　语	英　语	汉　语
marathon	马拉松	cold war	冷战	Buckingham Palace	白金汉宫
golf	高尔夫	honeymoon	蜜月	Domino Effect	多米诺效应
salon	沙龙	soft landing	软着陆	Cambridge	剑桥
pudding	布丁	millennium bug	千年虫	Internet	因特网
pizza	比萨	dark horse	黑马	beer	啤酒
chocolate	巧克力	white collar	白领	Jazz	爵士
lemon	柠檬	generation gap	代沟	Benz	奔驰
whisky	威士忌	spacecraft	航天器	Vitamin	维生素
disco	迪斯科	xerox	复印机	club	俱乐部
clone	克隆	communism	共产主义	jeans	牛仔裤

3. 词义冲突词

词义冲突词是指英语和汉语中词义完全相反或相互矛盾的词汇。由于英语中的很多词汇来源于寓言故事和神话传说等，因此涉及民族的风俗习惯、历史、地理、社会文化等背景，这些对词汇含义的影响巨大，出现了很多从字面意思上完全无法理解的英语成语、俗语和固定表达等。在大学英语教学中，教师应该引导学生不要只顾字面的意思，而应该从文化语境的层面加以理解，这样才不会望文生义或理解与词义大相径庭。

由以上分析可以知道，在中西方文化差异巨大的背景下，我们随处都可以见到英汉词汇含义差异的现象，因此，在大学英语课堂中，如果不采取词汇教学策略，学生很难提高文化差异影响下的词汇学习效率，词汇教学也就会举步维艰。

第二节　跨文化教育视域下大学英语语法教学

一、英语语法在目前的教学实践中的地位及教学效果

英语教学改革发展到今天，人们对陈旧的语法教学有颇多争议，导致语法在教学中的地位被严重削弱，甚至有人把学生口头交流能力不强的原因归咎于语法的讲练过多，致使教学实践中出现了淡化语法的现象。目前的英语教学改革提倡任务型、交际法、听说法等教学方法，但并不等于要忽略语法在语言学习中的作用。语法是构成交际能力的因素的一部分，语言基本技能的培养，不管是公共英语还是其他综合性的英语课程（如综合英语、英语阅读、英语写作等），都离不开语法学习。

目前，教师教授语法的主要课程是语法课和综合性的语言课程，其教学中存在的主要问题是，教师对语法规则反复讲解，但学生在使用语言的过程中仍然重复出现语法错误。英语的多种词类、多种句子成分、多种词形变化、多种句子结构，使学生感到英语语法头绪太多，困难重重，在语法学习上的努力与收到的效果不成正比。语法学习效果好坏和教学方法是否得当有必然联系。笔者认为，教师应该把文化教学融入语法教学，将中西方文化差异的对比作为突破口来促进语法教学效果的改观。

二、教语言和教文化的关系

语言是社会的产物，是文化的载体，也是文化的一部分。人们在学习和运用语言的过程中获得文化。同时，语言是形式，而文化是内涵，且不同的语言有着不同的文化背景。因此，语言与文化是相互影响、相互制约的。

语言的学习和使用同人的素质、文化修养不可分割。一方面，语言学习有助于人的素质和文化修养的提高；另一方面，人的素质和文化修养的提高也会促进语言学习效率的提高。教文化是渗透于教语言中的，不是脱离语言教文化。英语教学中渗透哲理和文化因素还能赋予语言以情感色彩，并以情感因素促进学习效果。作为语言重要组成部分的语法，同样会和文化产生必然联系，语法教学自然也应该承担起教文化的责任。

三、以中西方文化差异的对比为切入点，突破英语语法教学难关

（一）以中国学生常见的典型的主谓语用法错误为例分析中西方文化差异与思维差异

中国学生常见的英语语法错误有：主谓语、数、时态、代词等不一致，句子不完整、不连贯或句子不间断，词性误用，词语搭配错误，修饰语错位，指代不清，等等。这主要是对英汉两种语言的差异了解不够造成的。以下中国学生常见的典型的主谓语用法错误就是很好的例证。

例一（主语词性错误）：Does happy equal a fun-filled, pain-free life？（幸福就是充满快乐、没有痛苦的生活吗？）

正确的表述：Does happiness equal a fun-filled, pain-free life？

例二（从句成分不完整）：The writing ability, I think he is the best in my class.（我认为他的写作能力是我们班最好的。）

正确的表述：As far as the writing ability is concerned, I think he is the best in my class.

例三（主谓关系混乱）：We wear clothes are made of cotton.（我们穿的衣服是棉质的。）

正确的表述：The clothes we wear are made of cotton.

从上述三个例子来看，出现语法错误的主要原因是受汉语思维方式和表达习惯的影响。英语有形态变化，但汉语没有严格意义上的形态变化，因此在英汉互译时，往往要改变词性、转换词类才能通顺地表达原意。在汉语中，主谓关系通常是表达一个主题与其描述、说明和评论的关系；而在英语中，主谓之间是主动和被动的关系。不了解这种差异，用汉语的思维模式套用英语的句式必然会出现错句。

例四（状语做主语的错误）：In the cinema does not allow smoking.（电影院内不准吸烟）。

正确的表述：In the cinema, smoking is not allowed.

在汉语句子结构中，有些主语由一些时间、地点等方面的词汇来表示，所以常常会有人将英语的状语成分作为主语来用，放在句首主语的位置。而英语里通常所说的主语指语法主语，是句子中与谓语相对存在的成分，且主语不管起不起语义作用，总得有一个。同时，主语只能由名词、名词短语、代词主格来担当，而其他词类做主语必须转化成名词性质的短语。

例五（主谓不一致）：Tom with his brother go to school by bike every day.（Tom 和他的哥哥每天骑车去上学。）

正确的表述：Tom and his brother go to school by bike every day.

汉语中的动词不受主语的人称和数的影响，且因为偏重意合，主语和谓语呈一种松散的结构关系，主语不决定谓语的形态，而英语的谓语动词要和主语保持一致。在很大程度上，许多学生受到汉语思维的影响，往往不去考虑英语中主语人称和数的一致。

例六（谓语的错误省略）：We three people in the same age.（我们三人同岁。）

正确的表述 :We three are in the same age. 或 : The three of us are in the same age.

英语中的谓语动词是句子的主轴，是句子必不可少的成分。但是，汉语句子中可以没有谓语动词。这样的错句就是按汉语思维套用汉语句式造成的。

例七（无主语错误）: He studied in that college in 1995. Then went to the USA to have a further study.（1995 年，他就读于那所大学，然后去了美国深造。）

正确的表达 : He studied in that college in 1995 and then（he）went to the USA to have a further study.

英汉两种语言中都有省略主语的现象，但主语省略的情况不尽相同。汉语的句子是意合而不是形合，并不要求句子结构完整，从语法意义上讲，主语和谓语之间不存在一致关系，主语在一定的语境里可以省略。英语是偏重形合的语言，句子以主谓结构为纲，在这样的句子结构中，主语不可或缺，与全句具有全面、密切的关系，句子中各个成分之间呈线性的连接关系，主语突出型的主谓结构逻辑关系非常明确，体现的是分析性、抽象性、逻辑性的线性思维。

（二）从英汉两种语言现象的对比入手提升英语语法教学效果

在英语语法知识体系中，英汉两种语言的跨文化差异与思维差异在词汇与句法上表现得较为突出。

英汉词汇上的跨文化差异可谓无处不在。英汉词义的对应关系是一个复杂的课题，涉及不同的语言、社会、文化等种种因素。英汉词语含义体现了中西方文化的许多差异，如一些常用的表示颜色、数量、动物、植物、食物、味觉、季节、方位、服饰、人体器官、自然气象、政治、宗教信仰等方面的词，一些成语、谚语、俚语、敬语、委婉语、交际语、问候语、礼貌语、称谓语等，都包含着不同的文化背景与文化含义。教学中寻求词汇方面的文化差异对英语语法可以起到帮助理解与应用的作用。

　　英汉句法上的跨文化差异以其形态和用法上的不同使两种语言呈现出不同的语法特征。汉语是缺少严格意义的形态变化的无标记语言，英语是语言形态丰富的有标记语言。英语以动词为核心，重分析、轻意合，动词的作用非常突出；而汉语不注重形式，句法结构不必完整，重意合，轻分析，常以名词为中心，主语经常不与动词发生关系。这种句法上的差异对比对学生英语语法知识的掌握与运用是可以起到很大的促进作用的。

　　此外，英汉表现方法的对比，如逻辑抽象与直觉形象、精确性与模糊性、个体分析与整体综合等都有助于学生在学习的过程中理解中西方思维方式在两种语法上的表现形式。

第六章　跨文化教育视域下大学英语听力与口语教学

第一节 跨文化教育视域下大学英语听力教学

一、大学英语听力教学的意义

（一）帮助学生巩固语言知识

教师可以通过听力教学让学生巩固所学英语语言知识，并构建出自己的知识体系。但听也并不是随意地、盲目地去听，而是信息处理的过程。学生在听的过程中需要注意两个方面：一是对语言信息的理解，二是对语言信息的输出。可以看出，听力教学不仅可以帮助学生锻炼自身听力能力，还可以协助学生更深刻地理解语言的规则，掌握语言知识，最终实现自身知识体系的构建。

（二）帮助学生形成英语思维

良好的英语语感和英语思维能力可以帮助学生更快、更好地学习英语，而要想得到这种语感和思维能力，学生就必须经过大量听力训练。经过英语听力的训练，学生会逐渐熟悉英语的表达方式，并分析出中文和英文之间的差异，从而形成良好的英语思维，形成良好的英语思维又会让英语听力水平得以提高，同时能提升英语读、说、写、译的水平。

（三）有助于提高学生的语言运用能力

听力是一种语言输入活动；听力教学是语言输入的重要途径。通过听力教学，学生可以对语言的声音符号信息进行辨别和重新组合，进而准确理解所输入的语言信息。这种听力输入活动为以后的语言运用奠定了坚实的基础。听力是提高口语表达能力和写作水平的基础，只有进行足够的语言输入，才能有效地进行语言输出。总而言之，英语听力教学能够提高学生的语言运用能力。

二、大学英语听力教学中的文化导入

（一）英语听力教学中文化导入的必要性

首先，语言与文化是不可分割的统一整体。语言是文化的产物，更是文化的载体，两者共同作用，互相渗透。我国的英语教育由于受到许多客观因素的影响，一直存在着"只重读和写，而轻听和说"的不足。《大学英语课程教学要求》规定，培养学生的英语综合应用能力是大学英语的教学目标，尤其是听和说方面，使学生在今后的社会交往、学习和工作中能用英语进行流利的口头和书面交流，同时增强学生自主学习能力，提高学生英语综合素质，以适应我国社会发展和国际交流的需求。《大学英语课程教学要求》的规定足以说明英语听力教学的重要性，而我国英语听力教学一直存在费时费力的状况。学生听力薄弱现象的出现，有其自身的原因——处理信息的瞬时性和不可逆性能力较差，另外，学生的听力水平还受传统因素的影响，如语法、语音等。现在，英语教育界普遍认识到文化背景对听力活动有着极其重要的影响。学习一种语言文化，不能局限于对语言文字本身的了解，还要对语言背景文化进行深入了解。换言之，语言的学习和该语言所承载的背景文化是不能分离的。

（二）听力教学中文化导入遵循的准则

在英语听力教学中，文化导入所遵循的原则应该从文化和听力教学这两个主题来考虑。以英语教学为例，英语文化受到英语国家的地理、历史背景、风俗习惯、生活方式、价值观念等方面的影响。另外，英语听力和其他学科的不同之处在于，听力是以听觉感知为主的。文化的导入设计要遵循灵活性原则、实用性原则、比较性原则和包容原则。每一种文化都有其精华和糟粕，因此，文化需要不断地发展和完善，各文化之间要互相尊重和借鉴，共同达到双赢的效果。平等对待不同文化的关键是相互尊重。每个国家、民族都有自己的历史、传说，而这些都会对它的语言表达产生巨大影响。一个典型的例子就是关于狮子（lion）这种动物的不同看法。狮子在大多数中国人心目中的形象是非洲大草原上的猛兽，但是英国把狮子作为自己国家的象征，用"the lion's share"表示"最大的份额"。相对于狮子，中国人更熟知的是"龙"。它是中国文化中神的象征，代表权力、尊贵和吉祥。但在西方传说中，龙是一种恶兽，凶猛异常，破坏力极大，因此西方神话故事中有许多英雄斩杀恶龙的情节。

上述例子表明了学生在学习一种语言时要求同存异。"求同"是学生容易把握和理解记忆的，相对较难的是"存异"。学习者由于受到自己国家文化的影响，对外来文化的接受能力相对较差。如果说求同存异、尊重彼此的文化是指导听力教学的总体原则，那么在具体实施的过程中就需要特别强调灵活性原则、适合性原则和宽容性原则。其中，灵活性原则表现在遇到问题时要重点输入与词汇、短语和句子相关的文化因素以及与教材有关的背景材料，因为语言里的词汇、语法和语用系统影响着语言的理解和使用。适合性原则指英语教学方法和内容上的适度：对文化背景材料的选取要适合学生的英语水平；在学习材料和内容的难易程度上，应尽量高出学生已掌握的知识层面，这样学生才会有所提高；还有文化背景知识要适合教材。教师所导入的文化内容应该与学生所学的语言内容密切相关，应最大限度地与课本内容靠近，便于学生巩固、记忆和运用所学的知识，以此加深学习者对教材内容的理解。此外，教师应处理好文化的历时性和共时性两者的关系，侧重于表现共时性文化。同时，教师在教学中可适当地插入有关历时性的内容，便于学习者了解不同文化的习俗和文化渊源等。除了上面提到的几点大的原则之外，阶段性原则也是需要注意的，即文化内容的导入设计需要遵循循序渐进的原则，以学习者的实际水平、接受能力和理解能力来确定英语文化的教学内容，按照由简到繁、由浅入深、由抽象到具体等顺序进行教学。

三、听力教学中的文化导入设计

在英语教学中，大部分教师采用的是"以句子为主"的教学方法，同时将教学的重点放在了句子的表层上，只重视解释词义和对语法结构进行分析而忽略了对文化含义的深层次教学。听力教学也存在类似的问题。总体而言，大学英语的文化导入教学要以实用为准则，其中涉及交际用语里的招呼、问候、告别、邀请、感谢等语言的规范应用。在不同话题之间进行选择时，听力教学要注意禁忌语、社会风俗和礼仪习惯等干扰性较大的文化因素。大学英语听力教学中的文化导入既要注重一般性文化背景知识的介绍，还需注意关于词汇文化内涵方面和社会文化语境方面知识的介绍。

首先是词汇的文化内涵。词汇是语言的基本要素，它可以反映一个国家、一个民族的文化。一般给词下定义会从"概念意义""内涵意义""搭配意义""主题意义""社会意义"等方面入手。其中，"概念意义"是解释词的字面含义；"内涵意义"是代表词的社会文化含义，它所表达的是有关词语与社会和文化之间的联系。在每个国家的自然环境、社会背景和风俗习惯都不同的情况下，英语学习者对词义的理解方式也会大不相同。例如，刚学习英语的学生最早学会的词语中有"breakfast"一词，翻译成中文就是"早餐"。虽然都指一日三餐中的早餐，但是这里面存在着文化内涵方面的差异：大多数中国人说到早餐，就会想到馒头、粥、面条、油条、豆浆等具有中国特色的食物；而在西方国家，早餐这个词可能会令人想到黄油、面包、牛奶、咖啡、果汁等食物。在不同的语言中表达相同文化概念的词汇也能反映出各个民族之间的文化差异。以"梅"这种植物为例，在源远流长的中国文化中它象征着顽强和孤傲，而西方文化里"plum"指李树或梅树。英汉两种语言存在的巨大差异不仅仅表现在饮食、植物上，其他方面也可以表现出这种指称意义相同但是文化内涵不一样的情况。词汇本身具有浓厚的民族特色，这也是一种语言和其他语言差别最明显的方面之一。

其次是社会文化语境方面的文化因素。学生要学会区别中西方的价值观念和思维方式。例如，人生观、世界观、道德准则、人际交流和语言的表达方式等。以数字为例，英汉两种文化中数字的文化内涵就存在着很大的差异，如在中国人的心里，数字"8"谐音"发"，最吃香，而西方文化中"eight"并没有这么重要的地位。他们更喜欢"seven"这个数字，因为一个星期7天，而且他们认为造物主也在第7天休息。汉语中"四"谐音"死"，是最忌讳的；而在英语中"13"这个数字是不吉利的象征。这也反映了中西方宗教信仰的差异导致人们对于数字的好恶不同。

大学英语听力教学应该加强篇章文化背景的讲解。教师要根据学生的英语基础，针对其语言能力、接受程度和理解能力进行导入文化知识的讲授，有意识地培养学生的文化意识。教师应将教材里的内容激活，对不同文化之间的差异进行及时的比较，点拨学生体会文化之间的异同点，使其了解不同英语国家的社会风俗和价值观念。为了让学生熟悉不同场合的话题，教师可利用多媒体教学设备为学生营造出与西方生活接近的语言环境。例如，通过视频、广播、电影等能够反映语言文化的教学工具，全面提高学生的英语听力水平。在英语教学过程中，教师要有效地导入不同国家的文化知识，这对学生获取语言知识和提高文化水平有所帮助，还有助于学生英语知识面的扩大，也能够把学生的注意力转移到教材文字背后的内容上来。

四、跨文化教育视域下大学英语听力教学的方法

（一）文化导入法

在大学英语听力课堂教学中，教师可采用文化导入法进行教学，具体可以采取下面三种方法。

1. 通过词汇导入

在听力活动中，词汇差异往往会有很大的影响，因此教师不仅要注意增加学生的词汇量，还要让学生了解词汇的文化内涵，拓展学生的文化知识面，为听力活动的顺利进行奠定词汇基础。

2. 通过习语导入

习语作为语言的精华，是人类智慧的浓缩，在人们的生活中发挥着重要的作用。每一种语言都含有大量习语，且人们在日常生活中也会经常用到习语，因此在听力教学中，教师要注意随时向学生导入一些英语习语，帮助学生积累更多的习语，为学生顺利进行跨文化交际打下良好基础。

3. 通过习俗导入

教师在听力教学中还要注意提醒学生多了解一些基本的习俗文化，如打招呼、称呼、感谢、赞扬、谦虚等，这些对学生听力水平的提高大有裨益。

（二）任务型教学法

教师可以采用任务型教学法进行英语听力教学。任务型听力教学指用真实的听力任务来培养学生的听力理解能力。在完成任务的过程中，学生可以充分发挥自身的认知能力，在合作、互动中提升自身的听力水平，形成自主学习的良好习惯，树立起合作意识，并形成探索精神。这种听力教学法比较强调任务的真实性，主要包含以下三个阶段。

1. 听前任务阶段

听前任务阶段即"准备阶段"，学生在这个阶段将激活相关的背景知识，为即将到来的听力任务做好准备。一般情况下，背景知识主要分为文化背景知识和形式背景知识。其中，文化背景知识主要指各个国家和社会中的文化内容，而形式背景知识是与语言本身相关的知识，如文章的类型、文体和组织结构等。

2. 听中任务阶段

在任务教学的各阶段中，听中阶段最为重要。在此阶段，学生将了解文章传达出的主要信息。教师可以提出一些细节问题，让学生在完成听力之后口头回答，从各个方面训练其听力水平；也可以提前备好具有讨论性的问题，鼓励学生合作讨论和发言。

3. 听后任务阶段

该阶段需要检查学生是否完成任务，以及找到学生在完成任务时遇到的问题，与学生共同讨论、分析为何会出现错误，并帮助学生改正。除此之外，这一阶段还有一个主要任务，就是培养学生在理解之后提取信息的能力。

（三）微技能讲练法

1. 听前预测

听力理解中的听前预测非常重要，所以教师要注意在进行听力练习之前，先引导学生熟悉测试题目的背景知识，大概了解题目涉及的范围，如地点、人名等。

2. 抓听要点

只有学会抓住要点，才能更清楚地明白听力训练中语句要表达的意思。教师要注重教学生抓住话语中的要点，注意会话中的重要信息，重点听主要的问题、内容以及主题句和关键词，对于句子中不重要的细枝末节要学会略听。

3. 猜测词义

听者在听力实践过程中难免会遇到不了解、不认识的词语，这时就可以从上下文出发猜测词义，保证顺畅理解材料的内容。猜测词义也是听力微技能教学中十分重要的方法之一。学生要注意在听的过程中保持思维的连贯，不能一听到生词便打断思路，而是要从听力内容整体出发，综合全文猜测词义，保证听力活动顺利进行。

4. 边听边记

听力活动速度很快且不可逆转，其中的许多对话都是在很短的时间内发生的，听者只有很少的考虑时间。因此，听者在听力考试中遇到材料冗长、干扰选项多的内容时，可以结合听力的特点来记笔记。教师在进行听力教学时也要注意引导学生养成边听边记的习惯。由于听力时间比较短，听者不需要保证听力笔记整齐清晰，只要保证自己可以理解就行，同时教师也应在教学中向学生传授简单的记录符号和缩写的技能。

第二节　跨文化教育视域下大学英语口语教学

一、大学英语口语教学的意义

（一）促进语言知识和实践的结合

学习外语要注重实践。多年来，由于受传统教学法的影响，我们倾向于把英语作为一门知识课来传授，把课文分解成孤立的语言点，对语法、短语、词汇等举例讲解，以扫清语言障碍，确保学生理解所学内容。现代外语教学法认为，语言的形式和语言的功能同等重要。学到的有关语言结构和词汇的知识应落实于语言实践，且只有靠大量语言实践，特别是口语实践，才能彻底理解并熟练掌握和运用所学内容，形成语言习惯。加强口语训练是改变目前语言知识与语言实践脱节现象的一种行之有效的方法。

（二）有助于培养语感，形成外语思维

精通外语的人在听到外语时很快就能领会言语中存在的概念或事物，并可以根据情况非常流畅地用外语将自己的思想表达出来。这些都是因为其具有外语思维和外语语感。语感可以让人们在潜意识中根据语境运用正确的语言，不需要考虑词形变化或语法等语言特点。想要形成语感，不仅需要掌握语法规则和大量词汇，还要进行语言实践。所以，要想让学生形成语感，必须进行口语实践活动。学生在大量的口语实践中才能逐渐形成听懂词语意义的能力和选择合适词语表达自己思想的能力。

在外语学习中，外语思维通常形成于具有扎实的语言基础之后，因此其在外语学习中处于较高的境界。人们在进行思维活动时需要借助某个语言体系中的材料，用来表达自己在思维活动中产生的思想。而英语在语音、词语概括的内涵和外延以及语法、习惯用法上和汉语都有极大的差别，思维内容也各有不同。因此，对学生实施口语训练可以帮助他们形成外语思维，养成运用外语交流的习惯，让其掌握外语思维和语感，从而满足流利表达自身思想内容的前提条件。

（三）促进其他语言能力的发展

"说"是外语教学的目的，也是促进语言能力发展的有效手段。而听和说之间有着密切的关系，借助说的专门训练，学生可以对话语的节奏、速度、停顿、语调、重音等携带的信息有更加深刻的理解，可以更好地掌握重读、连读、弱读、失去爆破、不完全爆破等发音要领。而对"说"这项技能的掌握也会反向增强辨别发音的能力，提高学生的听力技能。

培养口语能力也有利于写作能力的提升。人们会在日常口语交流中不断重复使用掌握的词语以及结构，而他们的外语思维也会随着这些结构的应用而逐渐增强，从而在写作时首先想到这些常用的词语和结构，并在加工整理之后形成完整的文章。所以，学生在进行口语训练时，要注意规范使用语言，这样不仅可以保证外语交流的顺利进行，也有利于写作能力的提高。

二、文化因素渗透进大学英语口语教学的重要性

学生对于交际内容所依赖的背景文化知识的熟悉程度，是其正确理解交际内容的重要因素。如果对交际内容依赖的文化背景知识理解不够，可能会造成口语交际过程的失误。如今文化因素渗透进大学外语教学已经是教学大纲的一部分，但是文化因素的学习仍然是一个隐性的过程，它伴随着大学英语教学中语言的学习。然而，文化因素却影响着大学生对英语语言的感知力，对是否可以成功习得语言起着决定性作用。文化在外语语言学习中是除听、说、读、写四种技能之外不可或缺的第五种技能，而文化因素应该从学习语言开始就渗透到学习过程中。

很多学者在研究文化与语言的时候发现，中国文化与英语国家的文化存在很大的差异。因为各种文化不仅有共性，也各有其个性，且共性必然很容易就可以习惯与掌握，而其差异往往需要花时间去了解；加之语言是文化的载体，且二者之间具有密不可分的关系，因此，只有将文化因素渗透到语言学习中才可以避免跨文化交际过程中的语用失误。大学英语口语教学既然致力于使学生学以致用，注重培养学生的语用能力，那么必然需要将文化因素渗透到大学英语口语教学过程中，以实现大学英语教学的价值。

语言是文化的产物和载体，而文化是语言存在的环境。不同的文化背景所蕴含和反映的知识体系、社会系统、生活方式、价值观念等必定也有差异。英语国家和中华民族形成和发展的因素不同，使英语和汉

语承载了各自民族文化的独特信息，不可避免地形成了中西方文化的差异。语言的社会交际功能是语言最本质的功能，而语言就是人们在社会中进行交际的工具。因此，英语作为国际通用语言，其作用尤为重要。目前，虽然不少高校重视英语的实用性，但教师多沿用传统教学方法教授口语，在课堂上局限于对话领读、背诵、句型操练、回答问题等形式。学生的口语常出现语言应用不当的现象，原因在于教师只重视语言形式和内容，忽略了语言背后的文化知识，导致学生对中西方文化差异知之甚少，口语不地道。因此在大学英语口语教学中渗透文化因素是极为重要的。

第七章　跨文化教育视域下大学英语阅读、写作、翻译教学

第一节 跨文化教育视域下大学英语阅读教学

一、大学英语阅读教学的意义

开展大学英语阅读教学具有许多十分显著的意义，如可以扩大学生词汇量、培养学生的英语语感，可以提升学生的综合能力，让学生养成自主学习的习惯，等等。

（一）有利于扩大学生的词汇量

英语学习往往开始于对单词的记忆，而了解单词的含义、掌握单词的用法是学习英语时不可跳过的环节。阅读对于掌握单词来说是一个十分有效的途径。阅读材料为学习者提供了具体的语境，使学生在进行阅读时，既可以记忆单词，又可以更加深刻地认识到单词的搭配、用法等。阅读量的增加会让单词不断重复出现，同时让学生在阅读过程中不断强化对单词的印象。

（二）有利于培养学生的语感

语感对于语言的学习十分重要，它是对语言的一种感觉，是对语言表达进行快速理解和判断的能力。语感是在短时间内剖析语言是否规范和地道的重要依据。但语感的获取并不容易，需要长期、大量地接触语言，并且进行一定的思维训练。阅读对培养学生的语感具有显著的作用。通过阅读，学生可以在不知不觉中体会各种表达方式的感情色彩，感受不同修辞手法的实际效果，了解规范语言的表达方式。学生在阅读中不仅能培养语感，还不会感受到学习的压力，这对激发学生阅读的积极性十分有利，能有效促进学生持久地进行英语学习。

（三）有利于培养学生的英语综合能力

在提高学生英语综合能力方面，大学英语阅读教学也起着重要的作用。就听力而言，听是通过耳朵获取信息并在短时间内完成的思维活动，而通过阅读积累起来的语言词汇可以有效推动这一思维活动的进行。阅读能储备听力所需要的大量文化背景知识，这对提高听力理解能力十分有利。就口语而言，说是通过语音、语调等输出信息的一种活动，这一活动深受语音、语调的影响。只有规范的语音、语调才能使口语表达准确地道，而这需要大量的练习才能获得。作为阅读活动的重要组成部分，朗读训练能有效训练学生的连读、失爆、弱化等语音技巧，使学生养成良好的阅读习惯，进而潜移默化地提高学生说的能力。就写作而言，写作是文字信息的输出，需要阅读这一文字信息输入方式，因为输出是以输入为基础的，所以写作和阅读之间是相辅相成、相互促进的关系。在阅读过程中，学生会深刻体会作者在安排写作素材时的技巧，从遣词造句、布局谋篇等层次感受作者的写作手法。从这一角度来说，阅读的过程也就是学习写作的过程，大量的阅读必然会带动写作水平的提高。

（四）有利于培养学生的自主学习能力

许多学生虽然已经处于大学阶段，但依旧保持着高中时期被动学习的习惯，这非常不利于大学生的个人成长。如果一直保持被动、消极的学习习惯，学生很难在将来激烈的社会竞争中掌握新的知识和技术，难以面对新的挑战。通过系统化训练，大学英语阅读教学可以有效地引导学生，让其能够积极投入到学习当中，逐渐养成主动学习的良好习惯。除此之外，由于大学生的阅读课时间比较有限，仅靠英语教师在课堂上讲授很难起到明显的效果。如果学生想有效提升自身阅读能力，就必须将教师在课上讲解的跨文化知识作为基础，在课后温习和扩展学习内容。

二、大学英语阅读教学中的文化导入

（一）大学英语阅读教学中导入文化背景的重要性

1. 文化是语言教学中至关重要的部分

语言是文化发展的产物，它既是文化的载体，又与文化相辅相成、相互促进。一方面语言能反映一个国家、一个民族的历史、文化背景、思维模式等；另一方面，语言也受制于文化、反作用于文化，无法脱离文化而独立发展。由此可见，语言与文化是一个不可分割的整体，学习语言和了解语言中蕴藏的文化元素是不可分割的。

了解与之相关的文化背景知识是大学生提高英语综合能力、交际能力的基础和前提。最新版的《大学英语教学大纲》中指出，英语不仅是交流信息的工具，而且有助于学习者开阔视野，扩大知识面，加深对外部世界的了解，借鉴和吸收外国文化精华，提高自身的文化素养。教师在开展英语阅读教学时不仅要传授语音、词汇、语法等知识，加强听、说、读、写等技能的训练，还要考虑英语国家的文化与跨文化比较问题。就教学实际来看，部分学生即使掌握了丰富的英语词汇、语法规则知识仍然无法顺利地进行跨文化交流，而文化背景知识的缺失、中西文化的差异是其进行跨文化交际的主要障碍。因此，大学生在锻炼英语语言技能时，必须学习相关的文化背景知识，如民族风俗、宗教信仰等，从而培养对不同文化的敏感性、包容性，提高交际时的应变能力，从而适应国际交流的需求。

2. 有利于加强学生对教材内容的记忆、理解与掌握

无论是英语专业的学生还是其他专业的学生，"大学英语"都是他们的必修课程、基础课程。教材中的短文题材涉及英语国家的经济、政治、科技、哲学和文化等领域，具有十分广泛的内容。因此，教师主动在课堂上导入相关文化背景知识，可以让学生更好地理解文章里的文化意义，体会文章的主旨和精神内涵。

（二）英语阅读教学中的文化导入

在大学英语阅读教学中，教师不仅要有较广阔的知识面、较好的语言基础和专业语言功底，还要有文化的感知力。

（1）教师要结合材料，在传授语音、词汇、语法等语言知识时，适当导入相关的文化背景知识。语言的文化含义受到西方国家的风俗习惯、法律制度和人们的生活方式、思维方式等因素的影响，因此在阅读教学中要导入文化背景知识。

（2）教师要引导学生发现文化现象和文化内涵，比较两种语言文化的异同，从而逐渐增强文化的敏感性，认识到不同的表达也可以有相同的内涵意义。例如，英语的"spend money like water"和汉语的"挥金如土"表达方式不同，但是它们的含义是相同的。

（3）教师要鼓励学生运用多媒体技术，在课上以及课外多欣赏英文原版的电影，多阅读英文原版读物，在学习语言的同时多关注影片和书籍中出现的文化现象。对于感兴趣的文化热点，同学间可以相互讨论，相互交流，增强英语学习的兴趣和文化感知的敏感性。

第二节　跨文化教育视域下大学英语写作教学

一、大学英语写作教学的意义

（一）提高学生的交际能力

英语写作是应用于交际活动的重要交流手段，其目的是传递信息，表达思想观点，从而进行有效交流，最终达到交际目的。运用英语写作进行交际的能力是在实践中逐步培养起来的，而英语写作教学正是培养学生这种能力的最佳手段。学会用英语写作，学生可以在将来的社会生活和工作中有效地运用写作来表达思想、完成工作、进行跨文化交际等。

（二）巩固学生的英语知识

英语对于我国学生来说是一门需要进行学习的外语。在整个学习过程中，学生难免会出现种种问题和错误，而英语写作教学可以帮助学生查漏补缺，改正错误，并巩固已学到的知识。每种语言都有独特的民族风格，所以尽管我们可以从英汉写作之间找到相同点，但是两者之间更多的是差异。英语写作和汉语写作的规律有所不同，如果直接用汉语书信格式进行英语写作，那在跨文化交际中必然会出现交际障碍，并且只有经过大量练习才能察觉到这种错误。不过通过英语写作教学，学生可以掌握英语写作规律，巩固自身英语知识，在跨文化交际中更加游刃有余。

（三）提高学生的学习能力

在英语学习过程中，记忆发挥着重要的作用。要想牢牢记住数量众多的单词、句型以及语篇，写是必不可少的。从心理层面来讲，写作是运动觉，通过写而留下的记忆相较于听觉和视觉会更强。此外，写作过程会伴随听和读的因素，所以写就成了综合性记忆活动，而写必然会提高学生对英语词语、句子的记忆程度。因此，教师应重视大学英语写作教学，引导学生通过写来加强记忆，进而提高学生的综合学习能力。

（四）发展学生的阅读能力

大学英语写作教学的重要内容之一就是教授学生如何遣词造句。书面造句比口头造句更为严格，它要求语法和逻辑必须严谨。在写作过程中，学生可以自由控制时间，可以不断地对句子进行推敲和梳理，最终达到写作目的。通过写作，学生会熟练掌握句子和语篇的结构，了解题目和内容之间的关系，而这对有效阅读以及提高阅读能力也十分有利。

二、大学英语写作教学中的文化差异

写作的过程是传递信息、表达思想和文化交际的过程，文化与写作密切相关，文化差异对写作有着潜在的影响。每一个国家和民族都有着不同于其他国家和民族的生活环境、社会制度和思维方式等，对于学生的写作来讲，这些因素或直接影响着他们的写作思维，或间接影响着他们的写作意识，而且这种影响作用贯穿写作的始终。

（一）思维方式的差异

中国传统文化提倡天人合一，习惯从整体上看问题，从全局观点进行综合研究，强调和谐与联系。中国文化思维体现直观性，重"意合"，即以"意"统形。中国人在观察分析事物时以人本为主体，着重说明人对事物或对人本身的作用和影响；而西方的宇宙观所表现的趋向是"天人相分"，强调以个人为中心，常以个体为出发点，把复杂的事物分解为简单的要素逐个进行研究。西方思维高度重视理性和逻辑推理，讲究系统性和形式完美，注重"形合"。西方人把客观世界作为自身观察、分析、推理和研究的对象，以物本为主体，强调客观作用，强调"物"的重要性。正如傅雷先生在《致罗新璋论翻译书》中所说："东方人与西方人之思想方式有基本分歧。东方人重综合，重归纳，重暗示，重含蓄；西方人重分析，细微曲折，挖掘唯恐不尽，描写唯恐不周。"总之，让学生了解东西方人的思维方式的差异，有助于学生写出符合西方人思维的文章。

（二）时空观念的差异

刘长林认为，就世界的空间和时间两大方面而言，空间方面显示为"体"，时间方面显示为"象"。"体"指形体、形质，"象"指事物运动变化的动态体现。西方的传统科学与哲学在时空选择上，以空间为主、时间为辅，空间统摄时间。而中国传统文化的重要特征之一是"尚象"，《周易略例·明象》记载："尽意莫若象，尽象莫若言。言生于象，故可寻言以观象。象生于意，故可寻象以观意。意以象尽，象以言著。故言者所以明象，得象而忘言，象者所以存意，得意而忘象。"因此，在时空选择上，以时间为主、空间为辅，时间统摄空间。

西方认为空间是一个人的私密之处，是具有某些形式的"地盘性独立存在体"，这包含与空间的隶属性或占有性相关的意义。例如，在美国，父母不能随意进入儿女的房间，如果儿女将卧室门关上，意味着他们需要隐私。在中国，人们倾向于把空间看成公共的东西。由此，学生可以通过比较不同文化背景下人的态度、行为等，形成清晰的空间观念。在时间方面，英美人把它看作一种可以人为进行组合或切分的具有实体性的东西。在英语中，time 可以与 buy，sell，spend，make 等动词搭配。对于时间的利用，美国文化人类学家霍尔提出一元时间制和多元时间制两大系统。一元时间制是指在一个时间里做一件事，多元时间制是指在同一时间里可以做多件事。中国人的时间观念整体性极强，恪守春生、夏长、秋收、冬藏的天时规律，这便是"天道循环"的理念。欲速则不达，强调做事要不违天道的运行。这种时间观念决不等同于慢慢吞吞、懒懒散散，而是待时而动，抓住时机，乘势而上。由于有宏观的时间概念，中国人往往不主张盲动，而是讲究时机，故有"静如处子，动如脱兔"的说法。中国人认为，天道的本质是循环往复，生生不息，故有"天行健，君子以自强不息"的古训。中国的历史文化能成为世界上唯一延续数千年不曾中断的文明，并非偶然，与这样一种时间观念是分不开的，而"自强不息"的精神，使中国人非常惜时。

因此，可以通过分辨不同文化影响下时间观念的差异，引导学生汲取西方文化中相关理念的合理成分，并形成正确的时间观念。中国文化有重视时间因素的特点，西方文化则表现出重视空间的倾向。中西文化的互补性极强，而只有这种互补才能更好地推动人类文明不断向前发展。总之，教师只有分辨出不同文化背景下时空观念的差异，才能在写作教学中使学生形成正确的时空观念，使学生写出的文章更地道。①

（三）词汇的差异

由于文化背景不同，表达同一概念的词汇在不同语言中往往具有不同的联想意义与文化内涵。我国大学生常独立地背诵单词，以此来扩充词汇，这样虽记住了词汇的基本含义，却不明白词汇的文化内涵，因此词汇误用的情况时有发生。

例如：I was deeply grieved to hear that your mother kicked the bucket.

上述句子中的"kicked the bucket"虽然也有"死亡"的含义，但它属于一种俗语，是一个贬义词，类似于汉语里的"一命呜呼"，显然不适合出现在正式场合当中，因此这里不应用"kicked the bucket"，而应使用更加委婉的"passed away"进行表达。

英语写作的基础是词汇，只有掌握了英汉词汇的差异，深入了解词汇的文化内涵，学会正确使用词汇，才能避免中式英语的出现，才能提升写作水平。因此，教师要注意在写作教学时，引导学生理解词汇的文化含义，帮助学生掌握英汉词汇在文化上存在的差异，拓展学生的词汇文化知识，让学生的写作水平得到有效提升。

（四）句法的差异

英汉语言在句法层面也有着显著的差异，具体表现为英语句子常以主谓宾结构为核心，然后通过短语和从句等进行修饰和扩展，并使用各种连接词和修辞手法，使得句子结构非常复杂。汉语句法结构较为松散，较少使用连接词，多靠意义来连接。我国学生的英语写作深受英语句式特点以及英汉句法差异的影响，因此在写作教学中教师应向学生介绍英语的特点，并分析英汉句法之间的差异，从而丰富学生这方面的知识，逐渐转变学生的思维，使学生养成用英语思考和写作的习惯，进而使学生写出的文章更加准确、地道。

---

① 霍尔.超越文化[M].居延安，译.上海：上海文化出版社，1988：120.

（五）语篇的差异

语篇差异对于英语写作教学的影响也十分明显，此处主要以语篇衔接差异进行阐述。

语篇衔接手段主要分为词汇衔接和语法衔接两大类，其中词汇衔接主要包括搭配、同义词、上义词、下义词、词汇重述等，而语法衔接则主要为替代、省略、照应等。英汉言语在词汇衔接层面的差异很小，但是在语法衔接层面却有极大的差异。

1. 替代

替代经常出现在语篇衔接过程中，指将上文中已经出现的内容用其他形式代替。人们在英语段落里往往会通过词汇传达两个句子间形成的呼应关系。英语里有很多替代的形式，其中最常见的有三种，分别是名词性替代、动词性替代和分句性替代。在汉语中，人们往往会对某个词进行重复以完成句子之间的连贯。除此之外，"的"是汉语中最常出现的连接结构的汉字。

2. 省略

将句子或整篇文章中无关紧要的成分直接忽略不提就是省略。人们往往会借助省略而保持英语语篇的语言简洁而凝练。英语语法结构的严谨性是众所周知的，不管是从形式上还是从形态上，省略都不会产生歧义，所以英语里经常会出现省略的情况，这与极少使用省略的汉语语篇大有不同。除此之外，英语和汉语省略的成分也各有不同。在汉语中，主语只要出现一次，之后再出现的主语都可以直接省略，而英语语篇往往不会在主语上运用省略手法。之所以出现这种区别，是因为汉语主语具有较强的承接力和控制力，这是英语主语难以达到的。

3. 照应

当无法对语篇中的某一个确定词语进行解释时，可以从这个单词所指的对象中找到答案，这就意味着这一语篇形成了一种照应形式。从本质上说，照应表达的是一种语义关系。

在汉语语篇中，照应关系是随处可见的。汉语中不存在关系代词，但英语中关系代词有很多，尤其是人称代词。因此，汉语语篇通常会使用人称代词来表达英语语篇中所形成的照应关系。

在英汉语篇中，照应关系的类型是基本相同的，不过二者使用这一形式的频率明显不同。英语照应中使用人称代词的频率比汉语中要高，这与英语行文通常要求避免重复，而汉语多用实称有很大的关系。

总之，在英语写作教学中，教师要让学生了解语篇方面的差异，才能使其更好地写作。

（六）话语表述的差异

英语和汉语的表述方式具有明显差异，这些差异深深影响了英语写作。常规的英语话语表述方式是"主语—谓语"结构，也就是主谓结构，而汉语的表述往往是"话题—说明"结构。"话题"指说话者想要表述的对象，"说明"则是对这一对象进行的解释。

例如：Some books are to be tasted, others to be swallowed, and some few to be chewed and digested.

上面的例句用汉语表述为"有些书可浅尝辄止，有些书可囫囵吞枣，尚有少数需要细嚼慢咽、慢慢消化"。

许多学生在英语写作时会受到汉语语言表达方式的影响，使用多个并列句来表述内容，但这和英语表述习惯明显不符，给人们留下了中式英语的印象。所以，教师在大学英语写作教学里要主动为学生介绍和讲解英汉语言在话语表达方面的知识以及差异，锻炼学生的英语语感和思维方式，让学生英语写作中的句子符合英语表达习惯。

第三节 跨文化教育视域下大学英语翻译教学

一、大学英语翻译教学的意义

大学英语翻译教学是其他语言能力积累到一定程度之后开展的一项教学活动，其目的是培养学生的翻译能力，提高学生的综合语言技能。具体而言，大学英语翻译教学的意义表现为以下四点。

（一）有利于培养学生的翻译能力

使学生具备一定的翻译能力是大学英语翻译教学的基本目的。具体而言，翻译能力包含以下五个方面。

（1）双语能力。双语能力指交替使用两种语言的能力。

（2）非语言能力。非语言能力指表述知识的能力，包括各种百科知识和文化知识。

（3）翻译专业知识。翻译专业知识指在翻译实践活动中运用到的知识。包括翻译基础知识、专业表达方式技巧等，要求能够准确地理解、转换与表达。

（4）专业操纵能力。专业操纵能力指能够解决翻译中出现的问题的能力。

（5）心理生理素质。心理生理素质指认知构成和认知能力，包括记忆、感知、逻辑分析以及创造能力等。

在大学英语翻译教学中，学生的上述翻译能力会得到培养和加强，从而为将来的翻译实践做好准备。

（二）有利于巩固学生的综合语言能力

英语技能包括听、说、读、写、译五项。作为技能之一的"译"涉及两种语言间的转换，所以学生在这一过程中会不自觉地运用之前学到的知识。通过笔译，学生可以巩固语法、词汇和语篇等知识；通过口译，学生可以锻炼自己的听说能力和交际能力。翻译教学的目的就是培养学生的翻译能力，而翻译能力就是综合语言能力的一种重要体现。因此，翻译教学可以巩固学生的综合语言能力。

（三）有利于培养学生的跨文化交际能力

翻译是两种语言相互转换的活动，也是两种文化相互交流和沟通的过程。翻译和文化之间的关系十分密切，所以为了提升学生的翻译水平，既要让学生掌握丰富的语言知识，又要让学生的文化视野得到拓宽，使学生从了解中西方文化的差异中丰富自身的文化知识，培养其跨文化交际能力。跨文化交际活动需要交际双方对彼此的文化有足够深的了解，否则很容易因为文化差异而引起误解或冲突，所以翻译教学也可以间接地提升学生的跨文化交际能力。

（四）有利于满足社会对翻译人才的需求

在不同时代，社会对英语人才的需求也存在差异。近年来，随着全球化的推进，国与国之间的交往更为密切，这就需要翻译发挥中介与桥梁的作用。译者翻译得是否流利、准确，直接影响着交际的开展。因此，21世纪对翻译人才的需求更大、要求更高。所以，开展翻译教学显得更为必要，不仅与21世纪的社会需求相符，也有助于培养出高标准的翻译人才。

二、大学英语翻译教学中的文化差异

（一）思维方式方面

在思维方式上，英语民族和汉民族有着显著的差异。英语民族擅长抽象思维，习惯用抽象的概念表达具体的事物；汉民族习惯具体思维，常用具体的事物表达抽象的概念。因此，在翻译实践中，学生要根据译入语的思维习惯对原文进行改动。例如，Is this emigration of intelligence to become an issue as absorbing as the immigration of strong muscle？（脑力劳动者移居国外是不是会和体力劳动者迁居国外一样构成问题呢？）

"intelligence"的基本含义为"智力；理解力"，"muscle"的基本含义为"肌肉；体力"。如果直接译为其基本含义必然会造成言语不通，所以译文并没有进行直译，而是灵活地将它们译为"脑力劳动者"和"体力劳动者"。

（二）物质文化方面

物质文化涉及人们日常生活、工作、学习等各个方面，中西方在物质文化上也存在着较大的差异，这也使翻译有了一些困难。例如，在饮食习惯上，中国人的主食为大米和面食，而西方人的主食是面包和蛋糕，因此如果按汉语习惯来看，"a piece of cake"就会被翻译成"一块儿蛋糕"。实际上，对于经常食用蛋糕的西方人来说，无论是食用蛋糕还是制作蛋糕都是一件小事，而在中国，虽然吃蛋糕并不稀奇，但是很少有人会自己动手做蛋糕，所以此处更妥当的翻译应该是"小菜一碟"。

总而言之，在翻译实践中必须要注意中西方之间在物质文化上存在的差异，以及这种差异给翻译带来的影响，只有更加深入地了解中西方物质文化以及两者之间的差异，才能翻译得更加妥当，从而促进中西方的文化交流。

（三）风俗习惯方面

在风俗习惯方面，英汉差异非常明显，而这也给翻译造成了一定的影响。例如，在称呼方面，英语中无外乎"dad，mum，grandpa，aunt，uncle"等几种称谓，而且在许多情况下是直呼其名的。中国自古以来就是礼仪之邦，称谓尊卑有别，长幼有序，区分得十分严格，有时一个称谓不止一种叫法，如"妻子"，英语中只有"wife"一种叫法，但汉语中则有"老婆""爱人"等多种称呼。

第八章　跨文化教育视域下大学英语教学的新发展

第一节　跨文化视域下大学英语教学路径的创新

本节从跨文化传播角度，将学生的英语跨文化交际能力培养设置为主要目标，对大学英语教学的创新发展进行具体分析，从思想观念、教学目标与教学内容、教学原则、教学策略以及教材多方面着手，提出以下建议。

一、思想观念

个体的包容度、灵活性以及判断能力、共情能力等都在很大程度上影响着其跨文化交际能力。大学英语教学必须重视学生在英语文化上的兴趣培养，使其以包容、开放、欣赏的态度对待异质文化，保证学生在跨文化的英语学习过程中具备主观能动性。

（一）构建平等的语言文化观念

相互尊重并用包容心态对待不同文化的差异是真正实现跨文化交流的必要前提。建立在英语基础上的跨文化交际主要目的有两个：一是与英语母语者交流，理解并学习其文化先进之处；二是运用英语介绍中国文化，促进中国文化的对外传播，避免跨文化交流冲突。[①]要顺应多元文化时代发展趋势，实现大学英语教学的人文发展目标，需要引导学生以平等的语言文化观念接触不同文化，打破东西方文化隔阂，主动适应时代环境提出的跨文化交际要求。

---

① 汪露 . 基于跨文化视角的大学英语教学研究：评《大学英语教学的跨文化交际视角研究与创新发展》[J]. 中国高校科技，2021（10）：109.

（二）强化学生文化意识

文化贯穿从语言语法到文章和认知的英语教学各部分。[①]为避免学生偶然、无目的性地接触英语文化，教师需要从各教学部分的特点着手，系统对比东西方文化，引导学生有计划、有针对性地体会和理解西方英语文化下的思维与认知模式。在课堂教学内，教师可以收集整理与课堂主题相关的英文背景事件实例，在课堂教学过程中用实例营造真实的英语语言环境，为学生提供沉浸式英语学习体验；在课堂教学外，教师可以从播放英文原声电影、组织英语文化知识讲座等方式着手，从听、说、读、写等方面鼓励学生体会英语文化，通过兴趣激发的方式鼓励学生了解英语母语地区的社会风俗、礼仪习惯等，通过浸染的方式潜移默化地培养学生文化意识和英语文化学习习惯。

（三）关注英汉语言文化差异

将英语与汉语进行对比，分析其各自特点，寻找差异性的来源，是提高大学英语教学成效的重要方式。对于具备一定语言基础的大学生来说，因汉语母语的干扰，学生模仿和接受能力受到限制，在这种情况下延续中学阶段英语教学模式，用完全摒弃汉语而全盘模仿英语的方式直接培养其英语思维与交际能力，难免成效有限。而通过对比英汉两种语言的表达方式、文化含义以及思维特点等，学生能够在明确二者差异性的前提下，排除汉语母语的干扰，避免学习盲目性，做到"知己知彼"，自觉顺应差异性，减少表达失误，最终提高英语交际能力。

（四）增强学生文化移情能力

文化移情即主体在跨文化交际过程中能够打破自身思维定势、突破文化束缚，站在交际另一方立场上，从其他文化角度出发进行思考。文

---

① 柴霞. 基于文化对比的 POA 大学英语教学实践：以《新标准综合教程 3》（第二版）"Day of the dead"为例 [J]. 校园英语，2021（38）：3-4.

化移情是切身体会、理解并领悟其他文化的能力。相关调查发现，当代大学生能够认识到文化移情的重要意义，但在思维定势作用下并不能做到自觉站在交际另一方角度思考问题，在尊重异质文化习俗和理解、包容文化差异性上表现得不尽如人意，其移情能力需要得到切实加强。跨文化交际过程中文化移情的实现需要经历承认差异、认识自我、悬置自我、体验对方、准备移情、重建自我六个步骤。英语教师有必要在科学理论指导下组织学生利用课余时间参加诸如征文比赛、英语演讲、英语原声影视作品赏析等实践活动，通过实践活动使学生移情能力得到强化，帮助其适应全球化环境下的跨文化交际需求。

二、教学目标与教学内容

（一）教学目标

以跨文化交流能力培养为目的的外语教学在欧美地区有较快发展，诸如语言结合文化的综合教学理论、建立在文化基础上的交流能力教学、以文化为基础的外语教学等理论纷纷出现。综合上述思想理论，从国内大学英语教学实际发展状况看来，创新发展教学模式应将目标初步拟定为学生语言能力有所提高、交际能力和跨文化交际能力得到培养。换言之，学生不仅要在语音、语法、词汇等英语知识层面和听说读写译的英语技能层面掌握得比较熟练，还要具备结合具体语境应用英语知识技能完成交流活动的能力。

（二）教学内容

从教学目标可知，大学英语教学的主要内容同样需要包括英语知识技能教学、文化素养提升以及跨文化交际能力提升三方面。详细来说，上述三方面教学内容就是要保证学生能够具备一定的英语知识技能，且具有使用英语的能力以及与英语母语群体开展有效沟通交流的能力，能够在英语学习过程中将英语同汉语母语进行对比思考，对语言和文化的作用、构成以及普遍规律有初步了解，掌握语言、文化、社会三者的联系和相互作用，能够在学习英语文化的基础上对比发现东西方文化差异，树立文化差异意识，建立文化敏感性，具备一定程度的跨文化交际障碍适应性并有针对文化冲突的理解和解决能力。

三方面教学内容相互联系、相互作用。英语知识技能是文化素养和交际能力提升的基础，知识技能学习与文化素养培养为交际能力提升创造了可能，而跨文化交际实践则能够从实践层面对前两者起到推动作用。在内容确立后，这一英语教学模式在实践过程中有两点需要着重注意。

第一，文化素养培育和提升要避免失衡，即不能一味强调对西方异质文化的学习而导致母语文化缺失。若不能对英语教学过程中母语文化的作用有充分重视，则往往会导致学生在跨文化交际实践过程中出现中国文化的英语表达困难状况。在信息全球化时代背景下，具有平等对话能力对跨文化交际顺利进行有着至关重要的作用。根据生产性外语学习的相关理论，母语和外语两种不同的语言以及其背后的文化体系在教学过程中是相互促进的关系，对两者之间差异的体验能够激发学生对外语及其文化的好奇心理和探索欲望，对外语教学来说有巨大的推动作用。

第二，语言与文化的教学不能孤立存在、机械进行。构成语言的语法、词汇以及语音等都蕴含丰富的文化内涵，语言是文化的最主要表现方式，文化构成了语言生存发展的环境，二者不能脱离对方独自存在。[①] 从大学英语教学角度来看，英语教学和英语文化教学互为目的、互为手段。英语文化的教学需要融合于英语教学的始终，英语教学必须统一在英语文化教学内容里，以保证英语学习过程的生命活力，保证文化体会的深度。

---

① 潘乐颜. 基于"5C"标准的语言与育人融合的大学英语教学设计：以 2020 年外研社"教学之星"参赛课为例 [J]. 英语广场：学术研究，2021（24）：72-74.

三、教学原则

除避免文化失衡现象以及确保语言与文化教学同时开展之外，跨文化的大学英语教学需遵循以下原则。

（一）尊重学生主体地位

学生是教学活动的主体，其实际发展需求是课堂教学、教材编制、教学模式创新构建的立足点和最终目标，可以说，大学英语教学的所有实践活动必须以学生为中心展开。当前，英语知识技能教学依旧是大学英语教学不可或缺的构成内容，然而在尊重学生主体地位原则的指导下，教学过程需要将学生主观能动性发挥放在首位，将重点放在其自主学习能力培养上，一线授课教师的主要任务需要从知识技能传授转移到学生自主学习意识、能力的启发和培养上。尊重学生主体地位就意味着开展各项教学实践活动不能将目光局限在知识技能学习上，而应站在学生长远发展角度综合考量各项因素，要注重学生对汉语文化的理解体验、对英语文化的感受与态度以及思维方式、跨文化交际等方面的提升。与传统教学模式相比，尊重学生主体地位的新教学模式在目标与内容上有了质的拓展。在原本教学时间不变的前提下，教师需要切实加强并引导学生树立自主学习意识、养成自主学习能力，保证教学目标得以实现。

（二）渐进性

与其他学科相同，大学英语教学同样具有系统性和体系性，知识技能传授和文化素养、相关能力培养需要与学生自身认知水平、思维发展规律相契合，以科学方式渐进实施。学生认知发展遵循着从简单到复杂、从浅层到深化、从粗糙到精细的一般规律，遵循着从形象到逻辑再到辩证思维的发展规律。因此，教学实践要从简单向复杂逐渐过渡，要从具体性事件到抽象性主题再到对社会产生整体认知逐级升华，通过渐进方式引导学生切实体会英语学科的逻辑系统性，感受到各层次教学内容的序列属性和彼此之间的关联，进而从感性体会逐渐上升到理性认知，最终全面系统地掌握英语学科知识。

（三）讲授与体验结合

传统教学模式以讲授为主，保障了教师在课堂教学中的主导地位，有利于教师对课堂教学的组织、管理与控制，其最突出劣势在于将学生长期置于被动接收的位置，导致学生主观能动性无法得到有效发挥，在学习态度、实践能力、文化素养等方面很难得到进步。体验的教学方式以尊重学生主体地位为前提，主要靠构建真实或高度模拟的跨文化交流情境引导学生设身处地进行语言文化的感知与体验，从感性和理性的不同层面调动学生参与度。两种教学方法都有无可取代的优势和特点。跨文化大学英语新教学模式在实践过程中需要将二者有机融合起来，一方面要重视知识文化的传授讲解，另一方面要利用情境构建、模拟活动等方式对学生进行刺激和引导，要遵循学生学习和认知的规律，引领学生从实际问题、事件、情境的直观感觉和体验探索，发展到抽象的知识和能力的掌握，最终达到整体学会语言知识以及能力素养得到培养的目的。

四、教学策略

（一）重视跨文化交际素养的养成

只有充分掌握知识技能、具备优秀能力和端正态度，教师才能够更好地应对新时期大学英语教学提出的巨大挑战。培养教师的跨文化交际素养能够大幅度降低教师在应对大学英语教学创新发展时所承受的压力，能够使教师以更加从容的姿态组织开展教学工作。有调查研究显示，近年来，反思法和课堂教学研究是教师培训与自我发展的最常用方法。① 反思法即以教学实践为对象的客观思考审视，通过寻找问题发现不足，为之后教学实践带来启示与经验。在新教学模式的实践过程中，教师需要时刻保持反思意识，通过定时定量的问卷调查、访谈、教学笔记、教学研讨等方式，及时发现教学实践中的问题与不足之处并努力解决。课堂教学研究是以教学改善为目标的系统化资料收集与分析过程，即教师总结自身理论知识和教学实践，发现教学实践中的困难与问题并通过记录、反思和相互交流等寻找解决方式，以达到提高教学水平和教学成效的目的。两种常用方式能够有效地完善和发展教师的教学行为，实现教师工作能力的提高。

（二）在课堂教学过程中融入语言与文化

课堂教学是教学实践发生的主要场所，对教学内容的完成和教学目标的实现起着重要作用，因此教师要充分重视课堂教学的重要价值，在课堂教学过程中多角度、多层面地将语言和文化有机融合起来。第一，适当加强对词汇和语法部分教学的文化内容。英语的词汇、语法蕴含丰富而多元的文化信息。在教学实践中，教师在讲授具体意义、相关用法的同时，还需要对词汇和语法的来源、历史社会因素以及与汉语词汇、语法之间的区别等内容进行拓展。第二，加强英语听说部分教学的文化内容。教师需要科学选择听说部分教学内容，从学生语言水平、实际需求出发，从文化内容中选取具有系统性且与课本知识关联性强的部分作为教学材料，扩展学生文化知识宽度。第三，加强英语写作部分教学的文化内容。教师可对比相同主题下学生与英语母语作者的文章的异同，指导学生对东西方不同文化背景下思维方式的异同进行体会和思考；可从修辞、引用、论证等写作方式入手引导学生体会汉语与英语在文化根源上的深层次不同，帮助学生树立跨文化思考意识，培养其跨文化思考能力。

---

① 童丽玲，黎桑.《大学英语教学指南》指导下的大学英语课程思政教学实践与思考[J].岳阳职业技术学院学报，2021，36（4）：36-39.

（三）提高学生自主学习能力

学生必须树立起负责任的学习态度，要能够根据自身实际状况、学习目标来安排学习计划，能够在教师的帮助和指导下科学评价学习成效并进行及时调整。大学学习阶段，大学生需要对其学习主体地位有所明确，改变以往只接收知识的被动学习模式，明确理解教师的辅导地位和作用，学会发挥主观能动性，要将英语知识的掌握和应用作为基础目标，有目的地培养自身综合能力，以原有认知为基础建立自我学习系统，把控自学过程，建立适合自身的英语学习过程，掌握学习成果评估方式，克服被动、消极和畏难心理，构建高效率个性化的英语学习体系。

五、教材

（一）有机融合文化和语言内容

教材内容的确定要对学生学习需求、认知发展规律、英语学科知识结构、语言环境等因素进行综合考虑，将社会风俗习惯、艺术、历史等体现其中，对比介绍中西方文化元素的异同，引导学生掌握发现和正确对待文化差异的能力；要以积极正面的核心价值理念为中心，展现各国家和地区的优秀文化和高尚思想，不着痕迹地促进学生正面思想价值理念的形成。在内容选取过程中，需要着重注意以下方面：对英语母语地区的介绍要包含民族、经济、教育、历史等各方面，为学生提供尽量全面的视角；选取本民族文化中的优秀内容同英语文化进行对比，在提高学生文化感知力的同时，提高学生民族自豪感；对比的内容需要有较大差异性，在关注东西方主流文化的同时要适当增加非主流文化内容，拓展学生眼界，使学生养成对待异质文化的客观态度。

（二）安排动态化的教学内容

受文化层次化、复杂性和动态化属性影响，从跨文化传播角度出发的大学英语教学只依靠刻板的知识技能讲授是无法实现的，只有注重教学的动态性才能使学生体验并真正理解英语文化。因此，教材内容的安排要体现动态性，要确保依照教材的课程讲授具有层次性、实践性。参考这一要求，教材内容安排要从浅层、表层、已知、具体向深层、里层、未知和抽象过渡，确保讲述的内容在范围上拓宽、在程度上深化。与此同时，还要保证教材整体上的系统完整、时效前沿，对西方文化体系精髓和国内社会发展态势均有体现，在满足学生人文素养发展需求的同时，体现人文关怀。

（三）突出真实性与多样化

教材选择要与学生密切相关，从学生兴趣出发寻找真实、多样化的内容，这是对学生进行意识刺激并使其在思想和实践层面产生反应、对跨文化交际过程产生切身体会的必要条件。也就是说教材中的文章要保持英语文化原生态，生动流畅自然，在英语原生环境中围绕教学主题进行有文化意义的知识技能讲授；要选取跨文化交际实例设计问题与练习活动，在模拟真实的语言环境中锻炼学生的英语知识技能，锻炼学生在面对跨文化交际困难时的解决能力；要确保内容、问题以及视角的多元性，引导学生树立客观、包容、友好的态度，使其能够站在不同层次和视角对不同民族、地区的文化理念进行思考和评价。

大学英语教学为跨文化传播事业发展奠定了坚实基础，而跨文化传播事业的发展也在大学英语教学过程中发挥着至关重要的作用，二者在目标和价值实现等层面高度契合，将跨文化传播与大学英语教学有机融合能起到"一加一大于二"的积极效用。本节在跨文化传播视域下探讨了大学英语教学路径的创新，既是对传播教学的反思，也是对新形势下大学英语教学的探索，希望能为我国大学英语教学事业的发展提供一定参考。

第二节　大学生跨文化交际能力培养的智慧教学模式

　　随着中国对外经济的不断发展及中国共产党第二十次全国代表大会的胜利召开，与中国签署合作的国家会越来越多，与不同语言、不同文化背景的人们进行交流会越来越普遍，这就要求国与国之间的各项活动的相关人员必须了解各国不同文化的联系与差异。国与国之间的合作日趋紧密，竞争日趋激烈，这给国内各个领域带来机遇的同时也带来了巨大的挑战，使我国对人才的培养提出了更高的要求。

　　国际交流活动就是跨文化交际活动。要想有效地进行国际交流活动，就必须具有妥善处理文化差异和冲突的能力。跨文化交际能力指与不同文化背景的人们进行交往，并遵循语言对环境和关系的适应性原则，使交际目的得以实现的能力。①具有此种能力的人，能够充分地理解各种不同文化，从而对所进行的沟通交流做出恰当的反应，并能够对文化的内涵与外延灵活运用，在国际交流活动中做出重要贡献。

　　2010 年，国务院颁布的《国家中长期教育改革和发展规划纲要（2010—2020 年）》提出要培养大批具有国际视野、通晓国际规则、能够参与国际事务与国际竞争的国际化人才。因此，以大学英语教学为载体，加强对学生的跨文化交际能力的培养就成为高校的一项重要的教学任务。大学英语教学在当前全球一体化的环境中必须根据实际需要重新调整自己的定位以适应这个全新时代对人才培养的要求，以培养高校学生的跨文化交际能力为目标，全方位提升学生的人文素养，培养优秀人才。

---

① 　李睿.跨文化交际视阈下的师资队伍建设[J].长春工程学院学报（社会科学版），2014，15（2）：109-111.

一、大学英语教学中跨文化交际能力的培养现状及原因

（一）学生层面

教学体制与应试教育导致学生消极被动的学习心态及淡薄的文化学习意识。中国的英语教学在中小学阶段基本上以应试教育为主，学生习惯以知识的掌握来获取较高的分数，所以大部分学生认为英语的学习就是掌握英语的词汇、语法、句型，缺乏对文化学习的意识，更缺少交际能力的培养。在中学阶段学习英语的主要目的多是取得好成绩从而上一所好大学这样的功利性目的，大多数学生是被动学习。进入高校后，大部分学生的英语学习目标则是通过大学英语四、六级考试，获得证书，所以学生仍然是以语言知识的学习积累为重，忽视了学习语言的本质意义，缺乏自觉学习跨文化知识的意识。笔者曾在课堂上要求同学们举一个体现东西方文化差异的实例，一半以上的同学举了在公交车上给老人让座的例子，东方老人会认为理所应当欣然接受，而西方老人却会直接拒绝，认为自己还身强体壮，不需要别人为他（她）让座。这个实例的确是文化差异的体现，但是这个实例在二十多年前的大学英语课堂上就已经被讨论过了。学生对于跨文化知识的了解停滞落后，跨文化知识的缺乏则严重制约了跨文化交际能力的培养。

传统的教学模式使得学生过于依赖教师课堂上的灌输，严重缺乏主动性和目的性，互动及团队协作能力差，更不用提什么探索与创新了。大学英语也提倡素质教育，多年来在教学目标、内容、方式方法上尝试过多次的改革，部分地实现了从教师主体地位向学生主体地位的转换，从注重学生分数高低到培养学生兴趣与主观能动性的转换，从英语知识技能到语言跨文化知识的转换，注重学生的实际操作运用能力，但收效不大，应试教育仍占主导地位。

（二）教师层面

1. 教师陈旧的教学理念与自身较低的文化储备无法对学生跨文化学习进行指导与培养

我国的跨文化教学及对于大学生跨文化交际能力的培养起步较晚，发展也较为缓慢，当前高校中仍有一部分老师把帮助学生考过四、六级作为大学英语教学的重中之重，把教授英语知识与英语技能作为大学英语教学的重点。调查统计，对于教育部高等教育司颁布的《大学英语课程教学要求》中提出的跨文化交际方面的内容要求，受访教师中只有13.9%"非常了解"，13.9%"根本不了解"，另外72.2%"略有了解"，教师对该要求的了解程度表明他们对跨文化教学缺乏应有的了解与认识。①教师自身没有一种意识去主动深入地了解西方文化的内涵，甚至有些教师不能客观看待一些文化差异导致的现象。而那些能够把文化教学与语言教学并重的教师，大部分没有国外访学、生活的经历，对西方文化缺乏深层次的体验，对于文化的内涵与外延认识不到位，处于一种浅层次的认知层面，即使有意识地去教一些跨文化交际的东西也只是浮于表面。没有处于这种文化环境中，就对文化缺乏理解和认知，更无法了解文化的实质，如果大学英语教师自身不能够很好地掌握中西方文化的特色及差异，就很难在课堂上对学生进行跨文化学习方面的指导及跨文化交际能力的培养。

2. 教师跨文化教学知识的传授及交际能力的培养方式过于单一

通常老师在教学过程中对于跨文化教学的方式为口头介绍、图片辅助、经典音乐或影片欣赏、经典英美文学作品赏析、热点问题讨论、角色扮演等，所有这些活动都是在与教材内容相关的情况下进行。在实际的跨文化教学过程中，上面所提到的六种方式，老师们常用的为第一种，在一节大课的学习过程中，最多能用到上面的六种方式中的两到三

---

① 陈桂琴.大学英语跨文化教学中的问题与对策：一项基于黑龙江科技大学的个案研究[D].上海：上海外国语大学，2014.

种，一方面受教学内容限制，另一方面受教学时间限制。教师课堂教学活动的方式单调、刻板，选择的内容没有拓展，过于陈旧，缺乏趣味性与激励性，调动不了学生的学习兴趣和积极性。

（三）教学资源层面

1. 教材缺乏跨文化知识和培养跨文化意识和能力的内容

教材是教师与学生教学与学习的主要依据与向导，现有教材中大多缺乏英美文化之外的其他国家的文化内容，更不用说将跨文化培养内容和活动列入教材。目前各高校所使用的教材内容较为单一，整体内容的编排缺乏系统性，相关的有声辅助资料缺乏。各类词典的释义内容文化因素偏少。以目前大多数高效实用的教材为例，可以看出教材内容中说明类与科技类内容占了绝大多数，涉及西方文化精神层面的内容较少，价值观、思维方式、道德伦理方面的内容尤为缺乏，学生们对异族文化的了解缺失必然影响到其跨文化交际能力的培养。

2. 缺乏真实语言环境与实际交际场景

英语学习者有 ESL（English as a Second Language）与 EFL（English as a Foreign Language）两大类。ESL 指的是在目的语言、社会和文化环境中的英语学习，学习者处在真实的语言环境中，除了课堂学习外随时可以接受多方面多种类的语言文化信息，了解语言使用文化的机会众多，ESL 学习者掌握这门语言是一个自然而然的认知过程，他们也有更多的实践机会，学习效果显著，易于融入主流社会。① 而我们这些学生都是 EFL，缺乏真实的语言环境，课堂教学是学习的主要渠道，学生一般通过被灌输及所学课本内容的分析与讲解来了解文化差异，所以这两种学习者的文化输入量和学习动机差别很大。教室环境对于语言文化的学习也有很大的影响，"基于教室的学习在本质上属于认知和推理层面的

---

① Harmer J. The Practice of English Language Teaching [M]. 4th Edition Harlow : Pearson Education Limited, 2007: 12-13.

学习，无法深入到文化知识根基里去"，其仅仅"有益于对规则的学习，但无助于语言和文化的习得"。①语言环境对于英语学习者来说至关重要，语言学习是语境下交际过程的体现，需要在合适的环境中操练和应用，任何语言学习者在脱离语言环境的前提下学习语言都是纸上谈兵。使用语言的最终目的是交流，只有将语言跟真正的交流结合起来才能得到实际应用的检验，才能适应灵活多变的语言环境。现在大多数的大学课堂教学中，教师与学生共有、共用的是同一种文化和语言，除了在教师授课、与学生互动时使用英语，其他时间使用英语的机会非常之少，几乎感受不到英语学习的氛围，在大家所处的汉语环境里为学生创造较好的英语学习环境无论对学校还是对老师们而言都是个巨大的挑战。真实语境的缺失，实践机会的缺乏，这些都严重影响到学生们的学习动机与学习效果。

（四）评价体系的局限

我国现行教育体制有素质教育与应试教育两种，虽然为了提升全民素质，素质教育一直是各个学校推行的重点，但是由于应试教育有明确的考量性，在实际的教育教学中仍占上风。在应试教育的影响下，教学内容与教学环节都围绕考试内容展开，形成了一种以教师为中心的教学模式，学生被动灌输知识，所灌输的知识多是作为考试重点的语言知识，鲜有跨文化类的知识。在高校，大学英语四、六级考试是学生最为关注的，其重点是测试学生的语言能力，极少涉及跨文化交际内容。考试都是终结性评价，一考定乾坤，但是跨文化知识内容的学习与跨文化交际能力的培养更需要阶段性评价与开放性评价。

二、智慧教学模式在大学英语教学中的应用

随着科技进步、互联网教学发展，智慧教学逐渐地被应用于各学科

---

① 肖仕琼.跨文化视域下的外语教学[M].广州：暨南大学出版社，2010：143-144.

教学。智慧教学就是在互联网与各种教育技术的支持下，运用各种教学方法与教学手段进行有效的教学活动，从而培养智慧型人才的教学方法。目前，智慧教学模式在教学环境、课堂教学设计与评价设计等方面也有了更好的创新与发展。

在教学资源方面，最初的大学英语网络学习是教材的补充，往往被教师用来布置作业或者以自我测试的方式来辅助教学，而现在的智慧教学模式则可以利用多种网络平台及资源型网络空间，与学生建立起课堂以外的教学活动联系。例如，上海外语教育出版社的随行课堂可以对相应教材进一步阐释和辅助，还有其他的与学习有关的板块，如微课直播、金课分享、经典欣赏、文化评说等，此外还设有管理模块，如在线签到、师生问答、生生互动、学情分析、阶段性评价等，并且移动端也可以接入平台，便于学生在线学习。

在大学英语智慧教学模式下，师生关系也有了前所未有的改变。智慧教学软环境里的师生关系是一种人文关系，教师了解学生、尊重学生，主动研究学生情况、主动与学生沟通和交流，善于与学生交往。学生在这种良性环境中敢于表达、畅所欲言，这一点对于英语的学习尤为重要。智慧教学借鉴了"学—研—创"的理念，重新设计教学，以多种教学组织形式培养学生的创新、创造能力。[1]大学英语智慧教学模式在教学组织形式上有其独到的设计。教师指导学生进行自主学习，为学生提供了支持与模板，并在学生掌握基础知识与技能的浅层次学习前提下，进一步推进学生的深层次学习。智慧教学模式重在挖掘隐性知识并向应用层面推进，问题设计教学贯穿整个教学过程，从而培养学生的探究能力。教师在培养学生探究能力的基础上引导学生参与实际应用和实践，利用工作坊、创客等形式进行创造驱动的学习，培养学生的创造力与竞争力。智慧教学模式由于借助了多媒体及网络技术，其评价方式也

---

① 陈琳，陈耀华，李康康，等．智慧教育核心的智慧型课程开发[J].现代远程教育研究，2016（1）：33-40.

不再是单一的终结性评价，而是可以随时随地对学生进行全方位、多阶段的评价。智慧教学模式有别于传统教学模式，是教育发展的必然结果，也是未来教育发展的必然方向。

三、利用智慧教学培养大学生跨文化交际能力的策略

（一）充分利用网络资源空间，引导学生进行比较与思考

以下列的教学实例来说明。由于学生的听力学习资源里有 VOA（美国之音）的新闻直播，教师在引导学生练习听力的同时，让学生观察中国与美国媒体在新闻人物的报道方面有什么不同，并要求学生用英语与同学、教师在线交流。学生观察细致入微，在线交流积极踊跃，在共同努力下得出了以下结论：中国侧重于抽象思维，注重概括性内容，选择当事人那些最精彩、最有价值的新闻事件，树立起高大的形象，也使观众们产生浓厚的兴趣；而西方则注重形象思维，从细微处呈现当事人的闪光点，从点到面、由小到大，逐渐引导人们认识新闻人物。所以，西方新闻人物更丰富、更立体，相对客观理性。在这个学习过程中，学生通过观察、比较、讨论最后一起得出结论。整个过程完全是学生的自主学习，并且激发了他们对跨文化学习的兴趣。学生在比较中学习，在比较中探究，完全成为学习的主体，自觉地获取跨文化知识。

（二）利用智慧教学资源不断提升自我，积极为学生提供帮助

当前，教师受多种因素的制约，自身在跨文化体验、跨文化意识、跨文化知识体系等方面还存在不足。为此，教师可以利用智慧教学的各种资源来丰富自己，通过学习世界各大名校的网络课程来充实自己，构建自己的跨文化知识体系。同时，在教学过程中将英语知识技能与跨文化内容有机地结合起来，不要顾此失彼，而要齐头并进。在大学英语智慧教学模式下，教师不仅是引导者，还必须具备一定的现代教育技术知识，为学生的在线学习提供技术支持，成为学生的服务者。教师在引导

学生学习的同时，与学生一起获取更多信息，参与更多的实践，成为学生学习过程中的协作者，随时为学生跨文化知识的学习及交际能力的培养提供帮助。

（三）充分利用网络环境资源，创设情境，注重实践教学

培养学生的跨文化交际能力最终还是要通过在真实自然的语言环境里实施训练来实现。如何在汉语环境下设置自然真实的英语语境？在智慧教学模式下，智能学习平台能够根据学习者周围所处的环境进行智能分析。处于同一智能区域的学习者可以通过共享的平台或者应用程序进行相互联接，找到学习共同体进行互动交流，在教学软件的帮助下创设真实自然的语言情境。在网络上的真实语境中，学生可以进行同文化与跨文化的各种交流。以大学进阶英语第三册第三单元"Cultural Differences"为例，本单元 Reading 部分的内容是关于"praise"在东西方家庭里的差别。文中将"praise"在东西方家庭中出现的频率及对孩子的影响进行了对比。利用文章的这一契机，教师可以设计"praise"在四个情境家庭里的使用及作用来进行跨文化交际能力的训练。这四个情境家庭如下：中国父母与中国孩子；美国父母与美国孩子；中国父母与美国孩子；美国父母与中国孩子。这四个情境中的后两个为跨文化交际环境，是前两个的学习延伸，难度相对较大。学生以学习小组为单位进行角色扮演，并将其拍摄成情景剧上传到学习平台，所有同学参与打分并给出加分或减分的理由，最后根据同学们的选择评选出最佳情景剧，教师在权限范围内给予奖励。通过这种创设真实语言环境的有的放矢的训练，学生可以将学到的跨文化知识与跨文化交际能力自主地结合起来，主动地进行跨文化交际能力的训练，有效提升自己的跨文化交际能力。

（四）利用智慧教学评价模式，对跨文化知识和跨文化交际能力进行全方位、阶段性评价

由于大学英语教材的重点仍然在语言知识与技能方面，相关的文化背景通常让学生在课下自行阅读，以文化为基础的语言教材在高校的大学英语教学中相对较少，所以对于大学英语教学的评价模式也多是针对语言知识的终结性评价。智慧教学模式下，教师通过"U校园"及"随行课堂"等网络平台可以随时随地对学生学习情况进行评价。教师既可以对学生的英语知识与技能进行评价，又可以对学生的跨文化知识进行测试评价，并充分利用这些学习平台的功能，设计各种各样的跨文化交际场景，布置任务，实施对学生的阶段性评价。因为语言是一门非常灵活的学科，在网络的帮助下也可以设计一些关于跨文化的实践项目，并对此进行开放式评价。这些评价方式能更好地督促学生自觉地学习跨文化知识和进行跨文化能力的培养。

培养学生的跨文化交际能力是大学英语教学的最高级目标，是时代发展的需要，是中华民族伟大复兴的需要。在这个便捷的信息化网络时代，智慧教学也已成为教育发展的必然结果，是未来教育发展的方向。总之，将智慧教学模式应用到大学英语教学中，不仅可以提升学生的知识技能，还可以培养学生的跨文化交际能力。

第三节　我国大学英语教学的未来发展方向

大学英语教学是一种外语教育，是我国高等教育课程体系的重要组成部分。无论是从外语教育的本质属性角度来探讨，还是从我国高等教育的发展趋势角度来分析，我国大学英语教学的未来发展方向应是以通用英语和通识英语教学为主，以学术英语教学为辅。通用英语是以语言基础知识传授和语言应用能力培养为主要内容的教学。通识英语是以英语语言为媒介开展的通识教育。吴鼎民、韩雅君指出，大学英语教学应包含当代接受高等教育的人"应知应会"的通识教育内容。①通识英语教学旨在"培养学生的跨文化交际能力，提高学生对外交流的能力，培养学生的人文素养，使学生在接受西方英语国家文化的同时，有能力传播中国文化和文明"②。

一、外语教育的本质属性与我国大学英语教学的未来发展方向

语言既是人类交际的工具，又是民族文化和民族精神的重要载体。人类各民族语言不仅是一种符号体系或交际工具，还是各民族认识世界、阐释世界的一个意义体系和价值体系。语言能够反映某个民族的文化精神，具体涵盖哲学思想、认知方式、价值观念、宗教信仰、审美情趣和道德意识等。显然，语言具有工具性和人文性。由此可知，外语教育的本质属性也具有工具性和人文性。工具性指外语教育可以培养学生的语言交际能力，包括日常生活交际、学术交际、商务交际和外事交流等方面的能力。人文性的核心是以人为本，弘扬人的价值，凸显对人的尊重。③外语教育的人文性指外语教育能够培养学生的人文素养和跨文化素养，促进学生心智健康发展。

作为外语教育的重要组成部分，大学英语教学应体现外语教育的本质属性，追求工具性和人文性的统一。《大学英语课程教学要求》指出，大学英语课程不仅是一门语言基础课程，也是拓宽知识、了解世界文化的素质教育课程，兼有工具性和人文性。一方面，大学英语教学应致力于夯实学生的英语知识基础，培养学生的英语交际能力。通用英语教学以英语语言知识传授和英语应用能力培养为主要内容，是实现这一教学目标的主要手段。诚然，学术英语交际能力培养有赖于学术英语课程教

---

① 吴鼎民，韩雅君. 通识教育视角下的大学英语"三套车"框架构建[J]. 外语电化教学，2010（5）：9-13.

② 殷和素，严启刚. 浅谈大学英语通识教育和专门用途英语教学的关系：兼论新一轮大学英语教学改革发展方向[J]. 外语电化教学，2011（1）：9-14.

③ 王守仁. 坚持科学的大学英语教学改革观[J]. 外语界，2013（6）：9-13，22.

学，然而大多数高校毕业生一般很少去听学术英语讲座，更不会去写英语论文。因此，学术英语可以作为选修课程开设，以满足少数学生尤其是研究生提高学术英语能力的需要。另一方面，大学英语教学应向学生介绍英语国家的历史、地理、政治、文学、哲学及艺术等，使学生全方位了解英语国家人民的历史观、价值观、人生观和审美观等，增进其对中外语言文化、民族精神和思维方式共性与差异的理解，使其体会不同历史语境下的人文精神、文化传统、行为方式和思维模式，并提升人文素养和跨文化沟通能力。要实现外语教育人文性对大学英语教学的上述要求，就要开展通用英语教学和通识英语教学。具体而言，英语文学教学不仅可以让学生领略英语的魅力，而且可以让学生增长外国文学、文化、历史和哲学等方面的知识，培养学生的人文素养和跨文化交际能力。因此，未来大学英语教学应以通用英语和通识英语教学为主，以学术英语教学为辅。首先，未来大学英语教学应在培养学生英语综合应用能力的基础上，着力开展全人教育，努力培养学生基本的做人品质，即尊重人的态度、交流的能力、渴望学习的意愿和独立获取知识、发展自我的能力。其次，根据实际需要在本科高年级和研究生阶段开设学术英语写作课程，传授英语学术论文的语言特征与写作方法，并进行大量英语学术论文写作训练，以提高学生的英语学术论文写作能力。

二、我国高等教育的发展趋势与我国大学英语教学的未来发展方向

20世纪90年代以来，高等教育的国际化趋势日益明朗，世界不少国家的高校逐渐重视起高等教育的国际交流与合作，推进国际教育市场的开放、国际优质教育和学术资源的利用与共享，注重国际化专业人才的培养。高等教育国际化的核心在于培养能够适应全球化时代的发展与变化，既具有人文精神和科学素养，又具有跨文化素养和较强国际竞争力的国际化人才。国际化人才的跨文化素养指"具有全球观念和国际意识，具有很强的外语应用能力和跨文化交际能力，通晓国际惯例和国际礼仪，

能够直接参与国际合作与竞争"；国际竞争力指在科技、经济和文化等领域参与国际合作与竞争的能力。《国家中长期教育改革和发展规划纲要（2010—2020年）》明确指出，要培养大批具有国际视野、通晓国际规则、能够参与国际事务和国际竞争的国际化人才。一般而言，国际化人才的主要特征表现如下：①具有全球视野；②精通外语，熟悉外国文化传统，具有良好的跨文化沟通能力以及国际交流与合作能力；③熟悉国际规则，具有较强的国际化运作能力与管理水平。其中，外语能力、人文素养和跨文化沟通能力等国际化人才特征的形成在很大程度上取决于通用英语教学和通识英语教学的实施。换言之，我国要培养国际化人才，并在高等教育国际化浪潮中立于不败之地，必须大力加强通用英语和通识英语教学，这是培养英语交际能力和跨文化素养的系统且有效的途径之一。在通用英语教学中，英语的语言知识是主要内容之一。自然语言通常具有自身独有的特征。比如，词汇有搭配、类联接、语义韵、语义优选等特征；句子既有陈述句、疑问句和祈使句之分，也有简单句和复合句之别，还包括主句和发挥不同句法功能的从句。教师可分析讲解英语的特征，让学生掌握相应语言知识，并通过大量训练提高运用英语进行口头、笔头交际的能力。通识英语教学能够帮助学生理解和掌握英语国家文化传统、文学渊源、发展历史、宗教信仰或哲学思想等，并从他人的视角反思本民族的文化特性、文学传统和思想潮流等，从而使其打下较为坚实的人文知识基础，提升跨文化素养。

21世纪以来，我国高等教育界逐渐认识到过分强调专业教育会带来过度专业化和严重功利主义倾向等诸多弊端，因此开始实施以拓宽专业口径、沟通文理学科、实施通识教育、重视学生人文素养培养等为主要内容的高等教育改革。不少高校将通识教育纳入学校办学理念和人才培养模式，相继开设通识教育课程。与侧重职业能力培养的专业教育不同，通识教育侧重学生作为一个自由人和公民的教育。通识教育关注知识的全面性和普遍性，强调全人教育，力求学生身心和谐、知行统一，提升学生的人文素养和科学素养。为此，越来越多的高校开设了系列通识英语课程，如欧洲文化入门、美国文明史、英美文学作品欣赏等。事实上，通用英语和通识英语教学确实有助于实现通识教育的三大目标：跨文化交际能力培养、人文素养提升与心智发展。

　　一方面，通用英语和通识英语课程在培养学生英语应用能力的同时，能够提升学生的人文素养和跨文化素养。通识英语课程的教学内容一般涉及经典英语文学作品欣赏以及外国历史、哲学知识等的传授。文学作品是一个民族特定历史时期文化传统和意识形态的集中体现，蕴含丰富的人文因子。经典英语文学作品教学不仅能使学生得到文学传统和艺术创作等方面的熏陶，而且能使学生深刻理解外国诗学传统、社会规范和意识形态。外国历史和哲学教学则可揭示外国历史传统、文化积淀历程和哲学思想演变。另一方面，通用英语和通识英语课程教学能够促进学生心智发展。正如著名外语专家许国璋所指出的，英语教育是用英语来学习文化，认识世界，培养心智[1]。Stern 也强调进行语言训练的同时，完全可以追求智力发展目标。[2]根据心理学家维果茨基的社会文化理论，人类所从事的活动分为物理活动和心理活动。前者指人类改造赖以生存的物质世界的活动，后者指人类认识和理解周围世界以及自我的活动。无论是进行物理活动还是心理活动，人类都需要借助工具。用于改造物质世界的工具称为物质工具，用于从事心理活动的工具称为精神工具。语言是最重要的精神工具之一。借助语言，人类能够进行记忆、注意、推理、情感表达和学习等高级心理活动。外语学习能够使我们掌握更多的精神工具，帮助我们认识周围世界，从而进一步拓展我们的认知能力。具体而言，由于以外语为媒介构建的知识体系与以母语为载体的知识体系存在差异，外语学习过程中发展的认知能力会不同于凭借母语发展的认知能力。例如，学习涉及国家政府机关的英语词汇时，需要重新构建关于国家机构的知识。不同语言的语义结构或语义概念系统存

---

① 许国璋. 许国璋论语言［M］. 北京：外语教学与研究出版社，1991：1.
② STERN H H. Issues and options in language teaching［M］. Shanghai: Shanghai Foreign Language Education Press, 1999: 84.

在不同程度的差异，因而外语学习能够给学习者提供全新的认识世界和理解世界的视角，丰富学习者的概念系统，提高其分析能力和认知水平。已有相关研究证明，学习两种或两种以上语言的人在思维能力和思维敏捷性等方面明显强于只学习一种语言的人。Mechelli 等人的研究显示，学习第二语言能够增加学习者大脑左半球语言区域的灰质密度，从而提高其思维的敏感度。①Bialystok 和 Shapero 的研究发现，双语儿童的图形解读能力比单语儿童强，因而双语者比单语者更擅长解决一些含有误导信息的问题。

总而言之，鉴于外语教育工具性和人文性的特性、我国高等教育的国际化趋势以及通识教育受到越来越多关注的现实，我国未来大学英语教学应以通用英语和通识英语教学为主，兼顾学术英语教学。

无论是从学术英语教学的起源和我国复合型人才培养的需求等角度来探讨，还是从学术英语教学与通用英语、通识英语教学的共性以及学术英语课程开设的前提等视角来分析，我国未来大学英语教学应以通用英语和通识英语教学为主，以学术英语教学为辅。首先，大学英语教学理应凸显外语教育的本质属性，即工具性和人文性，而通用英语和通识英语教学能够有效实现工具性和人文性的有机统一。其次，通用英语和通识英语教学能够在很大程度上满足培养国际化人才的现实需求。最后，通用英语和通识英语教学能够培养学生的跨文化交际能力与人文素养，促进学生心智发展。这与目前世界众多国家高校倡导的全人教育及通识教育的目标十分契合。

---

① MECHELLI A, CRINION J T, NOPPENEY U, et al. Neurolinguistics: structural plasticity in the bilingual brain [J]. Nature, 2004: 431, 757.

参考文献

[1] 毕会英.浅议中国的跨文化交际研究[J].文学界:理论版,2011（9）:188-189.

[2] 蔡基刚.新时代背景下《大学英语教学指南》的修订及理论依据[J].北京第二外国语学院学报,2019,41（3）:3-16.

[3] 常明慧,段庆春.韩礼德"以语言为基础的学习理论"探讨[J].英语教师,2019,19（13）:22-25.

[4] 陈国明,余彤.跨文化适应理论构建[J].学术研究,2012（1）:130-138.

[5] 陈满娥.基于美剧字幕翻译训练的大学英语教学研究[J].老区建设,2018（14）:79-81.

[6] 程丽云.大学英语教学实践中的英美文学教学模式[J].中国科教创新导刊,2012（26）:39,41.

[7] 崔秀香.大学英语教学与跨文化教育融合发展研究:评《多文化交融下大学英语教育的转型探究》[J].领导科学,2021（14）:2.

[8] 单丹,王宁海."布鲁姆、布鲁纳教学理论"启示下的创新教育[J].课程教育研究,2018（42）:5.

[9] 丁静.智慧教育背景下学生跨文化交际能力培养模式的构建[J].校园英语,2021（10）:7-8.

[10] 高凤琴，陕晋芬.当代大学英语教学理论阐述及方法运用 [M].北京：中国书籍出版社，2019.

[11] 葛永芳，徐轩.如何运用云空间大学英语教学模式实施因材施教 [J].开封教育学院学报，2018，38（5）：81-83.

[12] 郭娟.基于"互联网+"视域下多元互动大学英语教学模式研究 [J].文化创新比较研究，2018，2（31）：98-99.

[13] 韩丽娟.移动学习新趋势下的大学英语教学改革研究 [J].作家天地，2019（23）：34-35.

[14] 何苗.跨文化体验对大学生跨文化能力发展的影响研究 [J].校园英语，2021（30）：13-14.

[15] 胡慧.地方综合性大学跨文化素质教育课程建设与创新 [J].高教学刊，2020（27）：47-49，53.

[16] 霍俊燕.跨文化教育视域下对大学英语教学改革的若干思考 [J].创新创业理论研究与实践，2021，4（12）：50-52.

[17] 蒋晓萍.中国外语教学中的跨文化教育 [M].广州：广州出版社，2006.

[18] 金贞花，马识涵，安国山.跨文化适应概述及研究现状 [J].当代经济，2018（20）：8-10.

[19] 靳静波.跨文化交际视野下大学英语教学改革路径探究 [J].黑龙江工程学院学报，2020，34（6）：68-71.

[20] 兰英.大学英语教育中跨文化交际能力培养策略探索 [J].英语广场：学术研究，2021（10）：128-130.

[21] 李彩梅.翻转课堂教学模式在大学英语教学中的实践与探索 [J].科技风，2020（34）：43-45.

[22] 李桂真.大学英语视听说对分课堂有效实施的现实依据及学理分析 [J].菏泽学院学报，2018，40（3）：89-93.

[23] 李桂真.外语教育中的文化安全问题及跨文化建设研究[M].北京：新华出版社，2019.

[24] 李剑眉.英语电影运用于大学英语教学的思考[J].职业，2017（33）：103-104.

[25] 李娇.大学英语多维教学实践模式探索[J].济南职业学院学报，2019（5）：31-34.

[26] 李亮.大学英语课堂教学的新趋势：动态课堂教学[J].商业文化：学术版，2010（9）：229.

[27] 刘海英.跨文化教育背景下高校英语思辨式阅读教学研究[J].国际公关，2020（10）：120-121.

[28] 刘怀光，刘若飞.文化全球化的根据：共同生活的现代性诉求[J].中州学刊，2014（10）：88-92.

[29] 刘莹.大学英语分级教学改革的理念与实践[J].科技风，2016（21）：56.

[30] 罗伯森.全球化：社会理论和全球文化[M].上海：上海人民出版社，2000.

[31] 马丹，何晨，张帼.探索课程思政下的大学英语写作教学：以《新应用大学英语》为例[J].校园英语，2021（11）：25-26.

[32] 马福华.跨文化视角下的大学英语教学：评《跨文化视角下的大学英语教育探索》[J].中国教育学刊，2021（2）：119.

[33] 马鸿.浅析高等教育国际化背景下大学英语教学中跨文化交际能力的培养[J].长江丛刊，2020（36）：66，72.

[34] 马慧.大学英语教育中的跨文化交际能力培养研究[J].现代英语，2020（21）：96-98.

[35] 门月圆.大学英语文学名著阅读教学的有效性探究[J].鸭绿江：下半月，2019（18）：60-61.

[36] 孟岩梅，曹海洋，汤冬冬.需求理论视域下大学英语跨文化交际能力培养 [J].作家天地，2020（17）：34-35.

[37] 孟兆芬.高校大学英语教学发展的新趋势及应对策略 [J].教育与职业，2009（12）：107-108.

[38] 宁静.跨文化教育视域下大学英语教学改革策略研究 [J].中国多媒体与网络教学学报：上旬刊，2020（9）：69-71.

[39] 祁若溪.探究大学英语教育中跨文化交际能力的培养 [J].陕西教育：高教，2020（5）：39-40.

[40] 钱晖.浅析新时代大学英语教育的思考要点 [J].校园英语，2021（1）：30-31.

[41] 沈红伟.跨文化教育视域下对大学英语教学改革的几点思考 [J].英语教师，2020，20（3）：117-119.

[42] 石军辉，李大艳.基于跨文化教育的高校英语思辨式阅读教学策略分析 [J].陕西教育：高教，2021（4）：21-22.

[43] 孙庚，田嵩.跨文化适应性视阈下媒介接触行为探析 [J].社会科学家，2020（7）：143-148.

[44] 孙南南.用英语讲好中国故事背景下的语言文化教学模式重构和实践研究 [J].辽宁经济管理干部学院学报，2021（3）：124-126.

[45] 谭竹修.多元文化教育视域下大学英语教学理论探索 [M].天津：天津科学技术出版社，2018.

[46] 万聪.基于微信公众平台的大学英语口语互动教学研究 [J].黑河学院学报，2018，9（6）：122-123.

[47] 王蕊.初探大学英语分级教学的理论依据及应用 [J].跨语言文化研究，2016（1）：443-448.

[48] 王甜.浅析大学英语教学改革目标及实践探索 [J].农家参谋，2020（21）：295.

[49] 王晓磊，黄亮 . 语块理论与大学英语教学 [J]. 考试与评价：大学英语教研版，2019（3）：125–128.

[50] 王晓燕 . 基于体验教学模式的英语课堂跨文化意识构建 [J]. 齐齐哈尔师范高等专科学校学报，2018（2）：153–155.

[51] 威廉斯 . 关键词：文化与社会的词汇 [M]. 刘建基，译 . 北京：生活·读书·新知三联书店，2016.

[52] 魏雷 . 文化自信视域下大学英语跨文化教育的方法 [J]. 黑河学院学报，2021，12（6）：106–108.

[53] 肖立青 . 跨文化交流与中国文化素养：以英语专业人才培养为观照 [J]. 教育教学论坛，2020（41）：307–308.

[54] 邢妍 . 专门用途英语在高职教学中的新趋势 [J]. 新课程研究：中旬刊，2011（6）：53–54.

[55] 燕国材 . 评加德纳的多元智能理论 [J]. 上海师范大学学报：基础教育版，2007（3）：1–4.

[56] 杨蕾，乔玉芳 . 基于生态、宗教和历史的视角看文化心理学之发展 [J]. 西部学刊，2021（4）：151–153.

[57] 杨启帆 . 浅谈大学英语课堂互动教学 [J]. 海外英语，2018（1）：76–77.

[58] 易震宇，穆青 . 大学英语教学中如何培养学生的跨文化意识 [J]. 国际公关，2020（7）：69–70.

[59] 尹凤先 . 跨文化传播教育研究 [M]. 北京：九州出版社，2018.

[60] 尹剑波 . 创客式大学英语教学的理论依据与发展路径 [J]. 湖北经济学院学报：人文社会科学版，2019，16（12）：157–160.

[61] 游宇 . 大学英语发展新趋势下的听说教学情感因素研究 [J]. 科技信息，2011（31）：35，64.

[62] 喻国明，潘佳宝 . 试论我国国际文化影响力传播的路径与策略 [J].

传媒观察，2021（4）：11–18.

[63] 袁伟华 . 双重危机下全球治理变革与构建人类命运共同体 [J]. 中共宁波市委党校学报，2021，43（5）：22–31.

[64] 张建佳 . 大学英语教学融合性价值取向及其实现研究 [D]. 重庆：西南大学，2018.

[65] 张隆溪 . 阐释学与跨文化研究 [M]. 北京：生活·读书·新知三联书店，2014.

[66] 张铭 . 当代大学英语教学理论与研究 [M]. 北京：九州出版社，2019.

[67] 张献 . 大学英语教学理论及实践应用 [M]. 武汉：中国地质大学出版社，2020.

[68] 张映婷 . 英语教学中跨文化教育与创新创业教育双融合的路径探究 [J]. 沈阳工程学院学报：社会科学版，2021，17（2）：114–119，134.

[69] 赵守夏 . 多媒体网络环境下大学英语个性化教学策略探究 [J]. 英语教师，2018，18（18）：99–100，118.

[70] 赵吟一，李燕 . 浅析英语词汇中的多元文化现象 [J]. 科教文汇：中旬刊，2018（6）：170–172.

[71] 赵中建 . 全球教育发展的历史轨迹：联合国教科文组织国际教育大会建议书专集 [M]. 北京：教育科学出版社，2005.

[72] 郑娜 . "支架式"教学模式在大学英语教学中的运用 [J]. 散文百家：新语文活页，2019（8）：225.

[73] 邹霞，范静 . 基于跨文化教育的高校英语思辨式阅读教学策略探究 [J]. 现代英语，2020（11）：104–106.

[74] 左盈，魏尼亚 . 大学英语研究型教学模式的理论依据与实施途径 [J]. 校园英语，2019（34）：40.